JEAN-MARC JANCOVICI

# TRANSITION ÉNERGÉTIQUE POUR TOUS

Ce que les politiques n'osent pas vous dire

Livre originellement publié chez Calmann-Lévy
en 2011 sous le titre :
*Changer le monde. Tout un programme !*
© Calmann-Lévy, 2011

Pour la présente édition :
© ODILE JACOB, AVRIL 2013
15, RUE SOUFFLOT, 75005 PARIS

www.odilejacob.fr

ISBN : 978-2-7381-2979-6
ISSN : 1621-0654

Le Code de la propriété intellectuelle n'autorisant, aux termes de l'article L. 122-5, 2° et 3° a, d'une part, que les « copies ou reproductions strictement réservées à l'usage privé du copiste et non destinées à une utilisation collective » et, d'autre part, que les analyses et les courtes citations dans un but d'exemple et d'illustration, « toute représentation ou reproduction intégrale ou partielle faite sans le consentement de l'auteur ou de ses ayants droit ou ayants cause est illicite » (art. L. 122-4). Cette représentation ou reproduction, par quelque procédé que ce soit, constituerait donc une contrefaçon sanctionnée par les articles L. 335-2 et suivants du Code de la propriété intellectuelle.

*À mon père.*

*Préface à l'édition de poche*

À l'été 2005, alors que tant de Français rêvaient d'aller batifoler dans les vagues ou sur les montagnes, mon complice Alain Grandjean et moi-même avons choisi de passer une partie de notre temps estival à une occupation un peu moins reposante : écrire un premier livre (*Le Plein s'il vous plaît !*, Seuil, 2006) sur la dépendance du monde moderne au triptyque pétrole-charbon-gaz. Nous y expliquions que, pour des raisons physiques, et donc incontournables, les Français n'échapperont pas à une hausse du prix de l'énergie fossile et que, si nous refusons de nous imposer volontairement cette hausse par la fiscalité, ce seront des tensions sur l'approvisionnement, entre autres, qui se chargeront de régler le problème.

Ces tensions, dans notre délire estival d'il y a huit ans, allaient se manifester sous forme de récession, de troubles bancaires, de hausse du chômage, de problèmes de financement de l'État et des régimes sociaux, et autres péripéties qui ne sont généralement pas promises dans les programmes électoraux.

De fait, la survenue de la crise qui a démarré en 2007 dans les pays industrialisés est tout sauf surprenante. Dès 2005 ou 2006, alors que nous étions en pleine euphorie économique, il était possible de parier que le chômage allait frapper à nouveau, et le PIB connaître quelques petits soubresauts pas spécialement envisagés par les économistes dits sérieux.

Par envie – malsaine – d'annoncer des mauvaises nouvelles ? Non : plus simplement à cause du mariage de sang que notre économie moderne a contracté depuis plus d'un siècle avec le sous-sol des pays producteurs de pétrole, de gaz et de charbon.

Nous avons vécu jusqu'à la fin du XXe siècle la phase ascendante – et souriante – de ce mariage faustien : de plus en plus d'énergie pour tous. Comme pour le vrai mariage, qui est comme chacun sait un repas qui commence par le dessert, les amants terribles que sont l'homme et l'énergie vont désormais devoir sauver leur idylle en phase descendante de l'approvisionnement énergétique fossile, qu'elle soit voulue, pour des raisons de préservation du climat, ou subie, pour des raisons d'approvisionnement insuffisant.

Bien gérer la sortie de scène du « Père Fossile » ne va pas être une mince affaire. En 2009, alors que l'approvisionnement européen en hydrocarbures avait doucement commencé à décliner, Alain Grandjean et moi-même avions souligné (*C'est maintenant ! Trois ans pour sauver le monde*, Seuil, 2009) qu'il ne restait que très peu de temps pour s'engager dans la voie étroite qui nous permettrait de le faire.

Nous n'en avons rien fait, préférant continuer à croire que l'effort pouvait encore être reporté. Résultat : nous avons déjà commencé à recevoir une petite partie de l'addition. Au lieu de retrouver la croissance perpétuelle que notre nouveau Président a naïvement promise dans son programme de campagne, nous devons déjà gérer une situation économique qui s'est dégradée, et une dérive climatique qui s'est amplifiée.

Combien de temps allons-nous encore refuser de voir l'évidence ? Si l'Europe compte préserver la paix et la démocratie, un modèle social à peu près présentable, du travail pour beaucoup, et une espérance de vie qui ne soit pas divisée par deux, elle n'a qu'un seul pari gagnant à sa disposition. Et ce pari apparaît désormais clairement : organiser tout son avenir économique et industriel, donc social et politique, autour de la décarbonation de nos activités. *Exit*, pétrole, gaz et charbon, il est temps de lancer la révolution industrielle qui nous permettra de nous en sortir sans eux !

S'y lancer sans attendre, c'est avoir la meilleure chance de rafler la mise en développant les premiers les modes d'organisation, les schémas économiques, les métiers, les filières et les technologies adaptés à un monde libéré de la « tenaille fossile », transformant une promesse de potion amère en opportunité. Ne pas le faire, c'est condamner la jeune génération à un avenir de plus en plus bouché, et celle de l'auteur à la honte. Et gardons-nous de penser que le temps est notre allié : nous sommes désormais dans une course contre la montre où chaque année qui passe supprime plus d'opportunités qu'elle n'en crée.

La première édition de ce livre (*Changer le monde. Tout un programme !*, Calmann-Lévy, 2011) a été une tentative de plus d'appeler à prendre la mesure de l'urgence. À l'heure où notre gouvernement a engagé un débat sur la « transition énergétique », la réédition de cet ouvrage, sous un nouveau titre plus actuel et plus incisif, a semblé nécessaire : ses thèmes sont, aujourd'hui plus que jamais, à l'ordre du jour.

*Chapitre premier*

# LE PÉTROLE,
# OU LA MULTIPLICATION DES SURHOMMES

Nous sommes en 1788. Une grande famine frappe la France, qui contribuera au renversement de la monarchie l'année suivante. Un Français ordinaire de l'époque, c'est-à-dire un paysan (plus des deux tiers de la population travaillaient alors dans l'agriculture) qui ne quittera jamais sa demeure de sa naissance à sa mort, vingt-huit ans séparant les deux en moyenne, et qui mange plutôt mal (surtout des céréales) – quand il y a quelque chose à manger –, a une hallucination. Il s'imagine que, dans huit générations seulement, toute la population pourra manger de tout en toute saison et de la viande à tous les repas ; il rêve que presque tout le monde pourra se déplacer à cent à l'heure d'une légère pression du pied, que l'on pourra préserver la totalité d'une habitation du froid ou du chaud d'un simple geste, qu'il faudra à peine six mois pour faire construire son logement de 100 mètres carrés, que l'on pourra voler comme Icare sur 1 000 kilomètres pour le prix d'une matinée de travail payée au salaire minimum, que des monstres d'acier obéiront au doigt et à l'œil pour extraire des entrailles de la Terre tout ce qui s'y trouve d'intéressant et le transformer en objets répondant à tous nos désirs ; il rêve que nous pourrons converser instantanément avec les antipodes, que l'or, les diamants et la soie seront un luxe à la portée de presque toutes les bourses, que nous pourrons changer de vêtements et nous laver à l'eau chaude tous les jours, que nous aurons tous les moyens et le temps disponible pour envoyer nos enfants à l'école et recourir aux services d'un bon médecin, que notre courrier nous sera livré tous les jours et nos ordures évacuées quotidiennement loin de notre vue, que nous vivrons trois fois plus longtemps, et encore mille choses qu'il ne serait pas raisonnable de raconter ici.

Dans son hallucination, notre ami inclut un élément plus étonnant encore : malgré ce paysage paradisiaque, nous descendrons périodiquement dans la rue pour nous plaindre de notre sort, et, même s'il s'agit de préserver la paix ou la vie de nos enfants, il ne sera pas question de nous retirer 1 % de cette panoplie considérée comme indispensable. Si notre ami avait parlé de son rêve à son voisin, il aurait pris un aller simple pour l'asile. Et pourtant…

En deux siècles, une corne d'abondance géante a déversé sur les hommes, et plus particulièrement sur un milliard d'Occidentaux (mais pas seulement), une pluie de biens et de services nouveaux, que les manuels d'histoire attribuent le plus souvent au génie technologique humain. Sans nier que nos neurones ont un peu contribué à cette évolution, il faut bien comprendre qu'un élément l'a pilotée de manière bien plus puissante encore : les combustibles fossiles.

Vous êtes sérieux ? Peut-on sérieusement prétendre qu'une vulgaire mine de charbon a plus contribué que Marconi, Edison, Papin ou Maxwell à l'avènement du réfrigérateur et du téléphone pour (presque) tous ? Si nous parlons de la conception d'une machine, certes non, mais si nous parlons de sa démocratisation, assurément. Conservez les neurones et supprimez les combustibles fossiles : nous serons toujours capables de concevoir des machines géniales, mais plus d'en proposer une à chaque consommateur occidental pour un prix qui n'a cessé de baisser au fil du temps. Dès 1824, Sadi Carnot avait bien compris que la profusion énergétique bouleverserait le monde, lui qui écrivait alors : « [Les moteurs] paraissent destinés à produire une grande révolution dans le monde civilisé. Si quelque jour les perfectionnements de la machine à vapeur s'étendent assez loin pour la rendre peu coûteuse en établissement et en combustible, elle [...] fera prendre aux arts industriels un essor dont il est difficile de prévoir toute l'étendue. [...] Enlever aujourd'hui à l'Angleterre ses machines à vapeur, ce serait tarir toutes ses sources de richesse, ruiner tous ses moyens de prospérité [...]. La destruction de sa marine [...] lui serait peut-être moins funeste[1]. »

Pour bien comprendre pourquoi cette conclusion est légitime, il faut en revenir à une question simple : à quoi sert une machine, qu'il s'agisse d'une pompe, d'un frigo, d'un ordinateur ou d'une fraiseuse ? À transformer le monde. Un frigo transforme de l'air ambiant en air froid ; un téléphone transforme une voix en signal électrique ; une fraiseuse transforme un morceau de métal en pièce usinée, après avoir transformé du courant en mouvement ; une pompe transforme de l'eau ici en eau là...

Or il existe une unité de compte pour la transformation du monde : c'est l'énergie. Avant d'être des kilowattheures sur une facture, l'énergie est en effet, par définition en physique, la marque du changement d'état d'un système, et donc de la transformation de l'environnement. Tout changement de température, de vitesse, de forme, de composition chimique, de masse, de composition atomique, de position dans l'espace... demande ou fournit de l'énergie. De ce fait, transformer le monde qui nous entoure ou utiliser de l'énergie, c'est *très exactement* la même chose. Sans énergie, impossible de déplacer un objet (nous, éventuellement !), monter ou descendre une charge, faire circuler un liquide, illuminer ou chauffer une pièce, transformer du minerai de fer en montures de lunettes ou un poisson dans l'océan en poisson dans notre assiette.

Or l'énergie mise à la disposition de chaque Terrien a radicalement changé d'échelle en l'espace de quelques générations

---

1. Sadi Carnot, *Réflexions sur la puissance motrice du feu et des machines propres à développer cette puissance*, Paris, Bachelier, 1824.

– un clin d'œil au regard des temps historiques. Le temps de passer huit à dix fois de parents à enfants, et la population a été multipliée par dix, et la consommation d'énergie par personne par plus de dix. La pression sur les ressources de toute nature a donc augmenté d'un facteur cent en seulement deux siècles, et cela commence à se voir…

## Papin et Watt, libérateurs des esclaves ?

Cette énergie à profusion, c'est la véritable cause de la hausse de notre pouvoir d'achat. En tout bien tout honneur, elle a procuré à chaque Occidental la puissance mécanique d'une armée d'esclaves (plusieurs centaines à plusieurs milliers), qui exploitent désormais les ressources de la planète à un prix ridicule. Pour s'en convaincre, il suffit de comparer l'énergie de nos pauvres muscles avec ce que les moteurs nous fournissent quotidiennement sans jamais ronchonner ni se mettre en grève.

Imaginons un homme escaladant le mont Blanc depuis Chamonix, à la seule force de ses jambes. À l'issue de cette modeste ascension de 3 800 mètres de dénivelé, il aura fourni une énergie mécanique de 0,7 kWh environ[1]. Pas même un kilowattheure ! Ridicule ! Grotesque ! Si nous imaginons qu'il ou elle met deux jours pour faire cette ascension, cela signifie qu'une paire de jambes en plein effort peut fournir au maximum 0,3 à 0,4 kWh par jour, soit l'énergie nécessaire pour utiliser pendant 3 à 4 heures une ampoule de 100 watts. Et il y a fort à parier que cette ascension ne pourrait pas être renouvelée 180 fois dans l'année…

Si maintenant nous imaginons qu'il s'agit non d'un esclave, mais d'un salarié payé au SMIC (environ 9 euros par heure hors

---

1. Il s'agit ici de lutter contre la gravitation, et donc l'énergie restituée après 3 800 mètres d'ascension sera de 70 (kg) * 3 800 (mètres) * 9,81 (g) ≃ 2,6 MJ ≃ 0,7 kWh.

charges), travaillant 8 heures par jour, et que les charges ajoutent 20 % à son salaire brut, alors nous allons payer le kilowattheure mécanique environ… 200 à 300 euros.

Quittons maintenant les jambes pour les bras : pelleter 2 à 3 m$^3$ de terre en une journée, ce qui n'est déjà pas à la portée de n'importe qui, restituera une énergie mécanique d'environ… 0,02 kWh (si la terre est remontée d'un mètre). Ridicule ! Risible ! Pitoyable, même ! Des biceps saillants pleins de tatouages sont tout juste capables de fournir de quoi faire briller une ampoule de 20 watts pendant une heure !

Si notre manœuvre au travail est payé au SMIC, le kilowattheure mécanique passe alors à plus de 4 000 euros. Dit autrement, l'équivalent « physique » de 2 à 3 mois de salaire, c'est *1 kWh* ! En comparaison, avec un moteur utilisant de l'essence à 1 euro le litre, le kilowattheure mécanique coûte quelques dizaines de centimes. L'utilisation d'électricité (qui dans le monde est produite aux deux tiers avec du gaz et du charbon) nous amène à la même valeur.

La conclusion proprement ahurissante à laquelle nous parvenons, c'est que, pour tout travail mécanique, cela coûte *mille à dix mille fois moins cher* – et parfois même cent mille fois moins cher – d'utiliser un moteur que de recourir à du travail humain payé avec des salaires occidentaux. Même avec les « salaires de misère » octroyés dans les pays émergents, la machine reste considérablement plus compétitive que l'homme. Soit dit en passant, la mondialisation devient une conséquence attendue dans ce contexte. Avec un facteur 100 à 10 000 entre le coût du travail humain et celui de l'énergie fossile, aller chercher du travail moins cher de l'autre côté de la Terre est quasiment toujours une affaire rentable, quelle que soit la quantité d'énergie nécessaire pour transporter ensuite les marchandises.

La voici donc, la vraie raison du confort matériel dont nous bénéficions tous, tous les jours : les « esclaves énergétiques » ! S'il fallait fournir avec du travail humain les 60 000 kWh qu'un

Français utilise directement ou indirectement chaque année pour tous ses usages (chauffage, transport et fabrication de tout ce qu'il consomme), chacun d'entre nous se retrouverait à la tête d'une armée de plusieurs centaines voire de plusieurs milliers d'« esclaves ». Même dans les pays dits « émergents », chaque citoyen a déjà à sa disposition l'équivalent de plusieurs dizaines à plusieurs centaines d'esclaves, ce qui le met très au-dessus de n'importe quel paysan européen d'il y a deux siècles.

L'accès à l'énergie extracorporelle, c'est-à-dire essentiellement aux combustibles fossiles (qui représentent 80 % de l'approvisionnement énergétique de l'humanité), a donc multiplié par plusieurs centaines le potentiel d'action de l'homme sur son environnement. La vraie raison de l'augmentation de notre pouvoir d'achat est bien là, et non dans le génie des économistes qui, limité aux seules activités accessibles sans énergie de masse (l'agriculture manuelle, un peu d'artisanat, le commerce et le personnel de maison), n'aurait pas produit les mêmes résultats.

Les autres consommations croissantes de ressources deviennent alors une conséquence logique de cette profusion pétro-gazo-charbonnière : plus il y a d'énergie disponible, plus on peut extraire rapidement des choses de l'environnement – qu'il s'agisse de plantes, d'animaux, de minerais, de roches ou d'eau – et en faire des objets, des aéroports et bâtiments scolaires aux réveils et aux brosses à dents. Tant que l'on ne bute pas sur des limites de stocks, comme c'est déjà le cas pour les poissons et commence à l'être pour les forêts, les flux extractifs de toutes sortes suivent la consommation d'énergie, presque par définition pourrait-on dire.

Cette évidence vient du reste alimenter une réflexion qui peut paraître iconoclaste : la mise à disposition d'une énergie gratuite et illimitée, parfois évoquée comme une solution idéale dans les débats, provoquerait probablement un sacré bazar, au lieu de garantir le salut de l'humanité ! Comme il paraît douteux que la nature humaine change en cas de découverte technologique miraculeuse, avec un accès à l'énergie « infinie », nous pourrions modifier notre environnement sans aucune contrainte. Cet océan nous gêne ? Allez hop, on le fait évaporer ! Cette montagne aussi ? Arasée, la montagne ! Nous voulons un mur de 100 mètres de haut pour nous séparer du voisin ? Pas de problème, il est construit dans la nuit ! Certes, nous n'aurions plus de problèmes d'énergie, mais il est probable que nous en aurions quelques autres...

À cause de sa définition même – l'énergie est la marque du changement – et de son caractère fondamentalement transversal, si nous voulons disposer d'une grandeur qui nous permette de lire l'évolution physique du monde qui nous entoure, le contenu énergétique des processus est bien plus approprié que leur valorisation économique. Cette dernière nous fait croire que la valeur des objets physiques que nous utilisons (des mètres cubes de bâtiments, des tonnes de voitures, des mètres carrés de tissus, des kilos d'ordinateurs, des litres d'armoires, des grammes de bagues) équivaut à ce que l'on paie pour en disposer. En réalité, l'énergie qui a été nécessaire pour obtenir ces objets à partir des ressources naturelles initiales serait une bien meilleure unité de compte de leur valeur réelle.

## *Énergie = pouvoir d'achat*

La conséquence économique de cette situation est capitale : *le pouvoir d'achat augmente quand le prix de l'énergie baisse.* Plus nous disposons d'énergie en grande quantité et à bas prix, plus notre pouvoir d'achat (au sens premier du terme : le pouvoir d'acheter des choses) augmente, puisque nous pouvons transformer et déplacer plus de matière par heure travaillée. L'augmentation faramineuse, depuis un siècle, de ce pouvoir d'achat si courtisé par les candidats aux voix est avant tout le reflet d'une évolution purement physique : il nous faut consacrer de moins en moins de temps de travail à l'obtention d'un kilowattheure issu des stocks énergétiques que Dame Nature a bien voulu mettre à notre disposition sans que cela ne nous coûte un centime. Rappelons que pétrole, gaz et charbon sont tout aussi gratuits que vent et soleil, seul l'effort humain pour y accéder nous coûtant quelque chose ! Et le prix réel de quelque chose n'est pas reflété par son prix en monnaie courante (la monnaie du moment), ni même en monnaie constante (déduction faite de l'inflation) : c'est le prix rapporté au pouvoir d'achat, qui, en gros, représente le temps qu'il faut travailler pour se payer la chose concernée. À l'aune de cet étalon, le prix réel de l'énergie mécanique a été divisé par 30 à 100 depuis un siècle et demi !

Il y a deux siècles, avant la mise au point puis la généralisation de la machine à vapeur, l'énergie mécanique à laquelle les hommes avaient accès se résumait à deux sources : les muscles (ceux des hommes et ceux des bêtes de trait ou de bât, soit dix fois plus : un cheval développe un peu moins d'un kilowatt mécanique quand un homme développe quelques dizaines de watts mécaniques) et les énergies renouvelables « de base », à savoir la combustion du bois, le vent et le mouvement de l'eau qui actionnent des moulins. Aucune de ces formes d'énergie n'est commodément utilisable pour les transports, et toutes rendent fortement dépendant du lieu ou du moment de leur disponibilité.

Nous avons ensuite franchi deux sauts qui ont mis la puissance mécanique à la disposition de tous : la conversion de la chaleur en mouvement (d'abord la machine à vapeur, puis le moteur à combustion interne), ce qui permettait d'avoir de l'énergie mécanique disponible à volonté partout où pouvait se transporter une matière combustible, et l'accès à un stock immense de chaleur transformable en mouvement : les combustibles fossiles. Ce stock, très lentement accumulé par la nature avec un rendement absolument déplorable, a fini par représenter une ressource au potentiel fabuleux. Ces combustibles fossiles ne sont en effet rien d'autre qu'une infime fraction de

## LE PÉTROLE, OU LA MULTIPLICATION DES SURHOMMES

l'énergie solaire des temps anciens, stockée dans des chaînes carbonées (les molécules du gaz, du charbon et du pétrole) accumulées dans des endroits bien précis de la croûte terrestre.

Entre l'énergie solaire qui est arrivée sur la planète pendant quelques centaines de millions d'années, et ce qu'il en reste aujourd'hui dans les gisements de houille, de pétrole ou de gaz, le rapport est de dix milliards pour un ! En comparaison, le rendement qui permet de passer de l'énergie solaire au travail humain (la photosynthèse, puis l'alimentation) n'est « que » d'un dix-millième ou un cent-millième, soit un million de fois plus. Pourquoi le prix des combustibles fossiles n'est-il pas un million de fois supérieur au prix du travail humain, mais très inférieur ? Parce qu'il n'y a pas eu besoin des hommes pour transformer l'énergie solaire en pétrole, en gaz et en charbon. Nous héritons d'un capital qui s'est constitué avec un très faible « taux d'épargne naturel », soutenu sur un demi-milliard d'années, mais sans avoir dû payer un centime à quiconque pour ce processus. Il faut rappeler à nouveau que notre système de prix ne reflète que l'apport humain pour passer des ressources naturelles « en l'état » à ce que nous en faisons, et n'inclut en rien le coût de formation ou de renouvellement des ressources qui sont à la base de toute notre activité sur cette bonne vieille Terre.

À preuve, quand nous avons besoin de gérer nous-mêmes des processus qui ont un rendement du millionième au milliardième, comme l'extraction de diamants (quelques dixièmes de gramme de diamants issus de dizaines de tonnes de terre), le prix de ce que nous cherchons est alors très élevé !

Le passage des renouvelables de l'Antiquité aux combustibles fossiles modernes a donc révolutionné notre vie. Et, mieux encore, depuis que nous avons commencé à goûter à ce délice de Capoue d'un genre particulier, il a été de plus en plus facile d'y accéder : ces combustibles nous ont permis, jusqu'à maintenant, de disposer d'un processus de transformation à rendements croissants, ce qui est plus une exception qu'une règle dans la nature. La conséquence économique est que, contrairement à une idée tenace, l'énergie fossile (et l'énergie en général) n'a pas été de plus en plus chère depuis un siècle et demi : son prix réel est passé de presque rien à… encore moins.

Nous avons vu que le prix réel d'une chose correspond au temps qu'il faut travailler pour pouvoir acheter cette chose. Or le temps qu'il faut travailler pour s'offrir un kilowattheure d'énergie mécanique a, en gros, été divisé par cinquante à cent en l'espace d'un siècle et demi. Si nous voulons le démontrer en utilisant la monnaie, il suffit de souligner que, entre 1880 et 1970, le prix du baril est resté à peu près stable en monnaie constante, aux alentours de 20 dollars de 2010, alors que, dans le même temps, le pouvoir d'achat du consommateur occidental a été multiplié par un facteur 15 à 20 (toujours en monnaie constante).

Le prix réel du kilowattheure de pétrole a donc été divisé par 15 à 20, et comme le rendement mécanique de l'énergie a été multiplié par un facteur 2 à 3 au minimum sur la même période, cela signifie que *le prix du kilowattheure d'énergie mécanique a été divisé par 50 à 100 en l'espace de 4 à 6 générations*. Si nous admettons que, désormais, l'énergie pilote au premier ordre – bien plus que les muscles des hommes – la transformation des ressources naturelles, alors la division par 50 à 100 du prix réel de l'énergie doit logiquement déboucher sur la division par ce même facteur du prix réel de tous les objets qui étaient déjà disponibles il y a un siècle et qui le sont encore aujourd'hui.

Nous verrons quelques exemples plus loin : c'est bien ainsi que les choses se sont passées, ce que nous avons traduit par « hausse du pouvoir d'achat ». Très bien, et après ? Après, dans un monde infini, on s'en fiche et on s'occupe d'autre chose. Mais, dans le monde fini qui est bien le nôtre, cela signifie que le « mode de vie » futur va dépendre bien davantage de la disponibilité de l'énergie par personne que de la nature des régimes politiques (du moins, tant qu'il n'y a pas de lien direct entre les deux !). De fait, en Occident, et en particulier depuis la guerre, alors que certains pays ont été soi-disant à gauche et d'autres soi-disant à droite, les modes de consommation à l'arrivée sont furieusement identiques ! La différence de mode de vie entre un Soviétique et un Français en 1980 était considérablement plus faible que celle qui sépare l'un ou l'autre d'un paysan français du XVIII$^e$ siècle.

Sans les combustibles fossiles généreusement mis à notre disposition, nos grosses cervelles à 1 400 cm$^3$ pièce n'auraient jamais engendré le monde que nous connaissons. Prenez un ingénieur génial, il vous fera *un* objet technologique génial. Pour que *tout le monde* possède l'objet génial, il faut de l'énergie à profusion (pour le fabriquer en masse et pour pas cher, ou pour l'utiliser en masse et pour pas cher), comme Carnot l'avait pressenti. Du coup, si l'abondance pour tous promise par des politiques présuppose de violer les limites énergétiques connues, on peut, avec une chance de succès bien supérieure à celle des paris au PMU, prédire qu'ils iront dans le mur, même si la cause est noble, l'objet généreux, et notre envie d'y croire maximale.

## *L'effet bœuf*

Grâce à l'énergie, les prix réels ont donc baissé, un peu ou considérablement, en quelques générations. Le premier exemple que nous allons prendre pour illustrer cela est celui de l'alimentation, et plus particulièrement de la calorie animale. Nous allons voir que la viande, en Occident, n'existe que comme sous-produit du pétrole et du gaz. Que de biftecks ont été perdus dans le golfe du Mexique par la faute de BP en 2010 ! Ce constat pouvant en surprendre plus d'un vient de la simple observation des faits : pour produire un kilogramme de bœuf (vif), la brave bête doit avoir mangé 10 à 50 kg de végétaux (en poids sec). La plupart du temps, ces végétaux sont cultivés : céréales (maïs, fourrage, blé, autres céréales), protéagineux (soja), oléagineux ou leurs résidus (tourteaux de soja, de tournesol), etc. Même quand il s'agit de simples prairies, elles sont fauchées (aux hydrocarbures) et souvent fertilisées (avec des engrais). Cela signifie que, dans un kilogramme de viande de bœuf, on va « retrouver » les hydrocarbures qui ont permis à l'agriculture de nourrir ledit bovin (les bovins à l'herbe représentent une fraction minoritaire des grosses bêtes mangées par nous autres bipèdes). Or l'agriculture utilise des hydrocarbures de multiples manières : il faut du gaz (naturel, attention !) pour produire les engrais azotés, du diesel pour faire avancer tracteurs et autres moissonneuses-batteuses, des engins pour extraire potasse et phosphate des mines, sans oublier un petit séchoir à luzerne par ici (à gaz souvent) et quelques camions pour balader foin et veaux par là. Avec tout cela, pour disposer d'un kilo de bœuf dans une assiette, il faut auparavant avoir utilisé un kilo de pétrole et de gaz ! Avoir un steak-frites tous les midis à la cantine, c'est bien le signe de la profusion pétrogazière…

Mais revenons à l'évolution des prix. Aujourd'hui, dans les économies occidentales, la production agricole représente souvent moins de 2 % du PIB. En première approximation, la production des aliments bruts que nous consommons (fruits, légumes, céréales, viande, laitages, etc.) représente donc 2 % seulement de ce que nous gagnons ; 2 % de notre revenu pour nous nourrir, c'est peu, surtout si on se rappelle qu'il y a deux siècles c'était plus de 50 %, et que c'est encore plus de 50 % dans de nombreux pays du monde (ce qui a un rapport direct avec les troubles politiques récents en Afrique du Nord).

Mais alors, pourquoi donc l'INSEE indique-t-il que la dépense alimentaire des ménages représente environ 10 % de leur budget ? Parce que, quand nous achetons un paquet de pâtes au supermarché, l'INSEE comptabilise la totalité du ticket de caisse dans le budget « alimentation des ménages », alors que ce que nous payons est à peu près tout *sauf* des pâtes. Nous payons surtout l'emballage des pâtes, leur transport, la construction du supermarché, les salaires et les charges du magasinier et de la caissière, les bénéfices des actionnaires de Carrefour ou d'Auchan et de ceux de Lustucru ou Barilla, plus encore des tas de bricoles. Le produit alimentaire lui-même, dans cette affaire (la pâte, voire le blé ayant servi à faire la pâte), aura coûté moins de 10 % du ticket de caisse. Et ce raisonnement est valable pour l'essentiel de ce que l'on trouve sur les rayonnages d'un supermarché ou d'un hypermarché, sachant que la grande distribution concentre 80 % des dépenses alimentaires des Français.

Le rapport est encore plus faible dans le cas de la restauration hors domicile (restauration collective au travail, à l'école ou à l'université ; restaurants divers y compris fast-food) : ce que l'on paye alors est avant tout le salaire et les charges du serveur, le loyer du restaurant, l'achat des assiettes et l'évacuation des ordures, mais pas la nourriture, dont la production représente 5 % à 15 % de ce que nous avons dans notre assiette. Une omelette, dans un restaurant, coûte quelques euros ; le prix de gros de l'œuf à Rungis (qui inclut déjà du transport, de l'emballage et la marge du grossiste), est de quelques centimes seulement, soit cent fois moins !

Ainsi, au fil des décennies, la dépense alimentaire des ménages a progressivement englobé des choses très différentes de ce qu'elle recouvrait au début du XX$^e$ siècle. À cette époque, quand n'existaient ni camions en nombre, ni supermarchés, ni emballages, ni bacs à surgelés, et que plus de 50 % de la population vivaient à la campagne, la dépense alimentaire correspondait pour l'essentiel à des aliments bruts achetés à l'agriculteur ou au marché du coin, et représentait entre un tiers et un quart du budget des ménages (contre 2 % pour la production de ce que nous mangeons aujourd'hui). Si nous comparons ce qui est comparable (des aliments bruts), le prix réel de l'alimentation a été divisé par au moins 10. Comme, depuis 1900, la quantité de viande consommée par personne et par an a par ailleurs été multipliée par 3, cela signifie que le prix réel de la calorie animale a été divisé par 30, peut-être même par 50 pour le bœuf, en l'espace d'un siècle.

Nous y voilà : manger aujourd'hui de la viande à presque tous les repas, c'est une conséquence directe de la baisse du prix de l'énergie ! Dans des pays déjà relativement densément peuplés comme l'étaient les pays européens il y a quelques siècles, avec peu d'énergie les paysans mangeaient des céréales et seuls les riches pouvaient s'offrir de la viande à l'occasion. Avec un peu plus d'énergie nous avons accédé au poulet ; encore plus d'énergie a permis de franchir l'étape porcine, et beaucoup d'énergie nous a amenés au bœuf. Historiquement, ne pouvaient manger de gros animaux que les peuples qui disposaient de très grandes surfaces d'élevage par personne (ou qui vivaient de la chasse, ce qui est une variante sans clôtures !), c'est-à-dire beaucoup de photosynthèse disponible par personne. Quand les surfaces étaient limitées, on ne mangeait que les végétaux qui y poussaient, car les donner aux animaux pour manger les animaux ensuite revient à diviser la quantité de nourriture disponible par 2 (poulet) à 20 (bœuf). Puis l'agriculture intensive et énergivore a permis d'accéder à la viande dans des pays densément peuplés, en multipliant les surfaces en quelque sorte. Conserver cette abondance carnée dans un monde sobre en énergie et très peuplé sera une sacrée gageure ! En particulier, il est évident, même si cette conclusion peut surprendre, que le gaz et le pétrole concourent, à régime alimentaire donné, à « sauver » une partie de la forêt, à bref délai il est vrai (puisqu'à plus long terme le changement climatique issu de cette utilisation des combustibles fossiles représente une menace pour toute forêt ou presque…). En effet, s'il faut dix à vingt fois plus de surface pour produire une calorie de bœuf qu'une calorie végétale, passer des céréales au bœuf implique d'aller chercher plus de surfaces là où elles sont : sur la forêt. Dans un monde d'échanges, cette pression peut être délocalisée. Certains pays ont très bien su « exporter » leur déforestation, comme le Japon, qui préserve sa couverture forestière mais « importe » la déforestation d'Indonésie, d'Australie et d'ailleurs pour faire tourner son industrie et assurer sa consommation alimentaire.

## *Cachez ce sein... pour pas cher*

Quittons maintenant l'estomac pour la peau, ou plutôt ce qu'il faut pour la couvrir. On peut aujourd'hui acheter un vêtement pour quelques euros ou quelques dizaines d'euros, soit le produit de quelques heures de travail. C'est dix à cinquante fois moins cher qu'au début du siècle. À l'époque, pas de textiles synthétiques (qui viennent du pétrole), pas de machines ultraperformantes comme aujourd'hui (qui utilisent de l'électricité, le plus souvent produite avec gaz et charbon), pas de mondialisation (rendue possible par les transports, c'est-à-dire le pétrole) permettant de s'acheter du travail bon marché ailleurs. En conséquence, les « gros » vêtements (les manteaux par exemple) se conservaient une vie durant, et se transmettaient de parent à enfant. Un des vêtements les plus accessibles était celui que l'on se tricotait soi-même, or tricoter un pull demande environ 50 heures de travail (sans compter le prix de la laine), alors que le même pull acheté coûte aujourd'hui 50 euros, soit 10 à 20 euros départ usine, ou encore... le prix de 2 à 3 heures de travail au SMIC.

Nous pourrions retrouver ce facteur diviseur de plusieurs dizaines à plusieurs centaines pour l'essentiel des objets manufacturés accessibles aujourd'hui, pour autant qu'ils aient déjà existé au début du XX$^e$ siècle. Cette formidable baisse de leur prix réel est bien sûr allée de pair avec l'explosion de leur nombre. Le parc automobile français comptait quelques millions de véhicules en 1939, contre 30 millions aujourd'hui ;

l'électroménager était quasi inexistant dans l'immédiat après-guerre ; aujourd'hui, tout foyer ou presque possède un réfrigérateur, un lave-linge et plusieurs appareils de communication (télévision, téléphone…), sans parler du reste. La fabrication des meubles nécessitait des centaines d'heures de travail et ils se transmettaient de génération en génération, alors qu'aujourd'hui un fabricant suédois vend des meubles jetables qui coûtent 10 à 20 heures de travail d'un smicard, et parfois beaucoup moins. Le prix d'un beau meuble ayant nécessité beaucoup de travail manuel et peu d'énergie reste dix fois plus élevé que celui d'un meuble ayant nécessité beaucoup d'énergie (en panneaux de particules agglomérées). Ce même fabricant suédois a également réussi à supprimer du travail rémunéré (le montage, que désormais chacun effectue chez soi gratuitement) en augmentant la consommation d'énergie (celle des véhicules des clients qui viennent chercher les meubles au magasin), ramant ainsi dans le sens du courant, comme tous les autres acteurs économiques. De la brosse à dents à la casserole, du tapis de bain à la corbeille de bureau, de la tringle à rideaux au vase, tout est aujourd'hui accessible pour une poignée de pièces ou de billets, quand ces objets, pour autant qu'ils aient déjà existé, nécessitaient des débours dix à cent fois plus importants pour nos arrière-grands-parents.

*En voiture !*

Dans les évolutions permises par l'abondance de l'énergie, il y a évidemment l'accès démocratique au transport motorisé. Historiquement, le premier moyen de transport à notre disposition fut tout simplement nos jambes, qui consomment assez peu de pétrole, sauf quand elles sont nourries au ris de veau (puisque les bovins sont pleins de pétrole !). Si nous nous limitons à ce qui est mû par la force humaine, la première incursion de la mécanique a débouché sur le vélo, mettant en jeu une énergie par passager/kilomètre quasiment imbattable. Une journée de pédalage forcené d'un coureur du Tour de France, cela correspond à quelques kilowattheures d'énergie musculaire pour faire 100 à 200 kilomètres, soit environ 0,04 kWh par kilomètre parcouru. Une voiture qui consomme 8 litres aux 100 km a besoin d'un kilowattheure par kilomètre parcouru, soit vingt-cinq fois plus !

Quand nous sommes passés de nos muscles à la voiture, nous avons donc augmenté d'un facteur 25 à 100 (selon la performance de nos mollets) la quantité d'énergie nécessaire pour déplacer une personne sur un kilomètre. Le coût du véhicule, lui, n'a pas été multiplié par 25, loin s'en faut : exprimé en fraction du revenu moyen de l'époque, le prix d'un vélo à la fin du XIX$^e$ siècle n'est certainement pas vingt-cinq fois plus faible que celui d'une voiture d'aujourd'hui. Or une voiture, c'est la puissance mécanique d'une centaine de chevaux (des vrais !) disponible 24 heures/24 pour environ 15 % de notre revenu moyen. Cela met la libre disposition d'un cheval (mécanique) à environ 3 euros par mois, quand disposer d'un vrai cheval coûte cent fois plus, au bas mot. Encore ce facteur diviseur de quelques dizaines à une centaine sur le vrai prix des choses !

Cette importance de l'énergie dans l'accès à la mobilité a eu pour conséquence que plus le prix réel de l'énergie baissait, plus l'accès à des modes de transport qui consomment beaucoup était facilité. L'histoire des transports motorisés a ainsi démarré avec le train, qui est le mode le plus économe en énergie de traction par passager et par kilomètre. Le passage aux transports en commun sur pneus, c'est-à-dire aux bus, s'est accompagné d'une multiplication par plusieurs unités de la quantité d'énergie consommée par passager/kilomètre. Puis la transition du bus à la voiture est allée de pair avec une multiplication par 10 (en ordre de grandeur) de l'énergie consommée par passager/kilomètre. Et l'avion, qui est le plus moderne de nos moyens de transport mécanisés, est aussi le plus gourmand en pétrole : dans un avion plein, un passager consomme environ 5 litres de carburant aux 100 km, alors que c'est plutôt 1,5 litre aux 100 km par passager pour une voiture remplie. L'histoire de la mobilité des hommes offre une grille de lecture d'une simplicité biblique : chaque démocratisation d'un nouveau moyen de transport n'a été possible que parce que le prix réel de l'énergie décroissait, ce qui permettait de mettre progressivement à la disposition des gens des modes utilisant davantage d'énergie pour faire la même distance. Et cela reste vrai pour un même mode de transport : si l'on exprime le prix d'un billet d'avion en heures de salaire minimum, entre 1980 (il est vrai en plein choc pétrolier) et aujourd'hui, ce prix a été divisé par 2 à 10, en fonction de la destination. Qui a dit que le pouvoir d'achat diminuait ?

La mobilité, qui peut se traduire sur le dernier siècle par « plus loin, plus vite, moins cher », est donc étroitement corrélée au prix réel de l'énergie. Sa baisse a permis d'accéder à des modes plus énergivores, donc plus rapides, et cela s'est traduit par un allongement des distances parcourues sans augmentation du temps de transport. En 1800, le déplacement quotidien de 99 % des Français était de 2 kilomètres environ, effectués à pied : le trajet « domicile-travail » de nos ancêtres, essentiellement des paysans, consistait à aller de chez eux à leur champ, point. La mobilité longue distance était inconnue : il était hors de question qu'ils partent en congés payés (l'humanité sédentaire a vécu dix mille ans sans en avoir !) ou aillent voir leur belle-mère le week-end à l'autre bout du pays. Même les citadins de l'époque quittaient rarement la ville, les déplacements étant consacrés aux courses et aux tâches domestiques quotidiennes. C'est en 1952 seulement que la voiture a détrôné la marche à pied comme mode de déplacement dominant dans le kilométrage quotidien effectué par les Français. La voiture pour tous a donc à peine deux générations dans notre pays ! Les 30 millions de véhicules d'aujourd'hui, soit presque une voiture par adulte en âge de conduire, correspondent à une innovation qui n'a pas trente ans (le parc automobile en 1975 était moitié moindre), et il n'est nullement garanti que ce nombre se maintienne dans trente ans.

## Du carbone dans le gigaoctet

Quittons maintenant la mobilité pour nous pencher sur le plus récent des usages permis par l'énergie abondante : les communications. Quoi, la société de l'information serait-elle aussi un enfant de l'énergie abondante ? Tout le monde sait bien que l'information, c'est « dématérialisé » ! L'information, peut-être, mais sûrement pas les supports physiques qui permettent son acheminement et son exploitation... Car l'information, aujourd'hui, ce n'est pas uniquement, et loin s'en faut, le voisin qui vous parle. Ce sont des livres et des journaux (donc du papier, des imprimeries et des camions), des images qui vous viennent de l'autre côté de la planète en utilisant des ordinateurs (à commencer par le vôtre !), des serveurs, des satellites, des réseaux enfouis dans des tranchées, des centrales électriques et des gens qui vont et viennent pour faire fonctionner tout cela, des milliers de kilomètres, et encore 1,5 milliard de téléphones portables fabriqués tous les ans avec des métaux, des terres rares et beaucoup d'électricité au charbon... Bref, faire circuler de l'information demande force électricité au charbon, cuivre, fer et... pétrole ! Et dans le domaine des ordinateurs, sans lesquels il n'y a pas de Google ni de Facebook qui tienne, le prix réel des objets a été divisé non pas par 10 en un siècle, mais plutôt par un million en deux générations !

L'ère des ordinateurs (et autres smartphones et Xbox, descendant tous du même ancêtre « transistor », lui-même issu du pithécanthrope « tube à vide ») a démarré en 1946, avec l'ENIAC (Electronic Numerical Integrator And Computer), premier représentant de l'intelligence numérique. Son prix de l'époque était de 400 000 dollars, soit à peu près l'équivalent de 24 millions de nos dollars actuels, en tenant compte de l'inflation et de l'augmentation du pouvoir d'achat. Il consommait 150 kilowatts (la puissance de 75 radiateurs électriques), pesait 27 tonnes, et possédait 18 000 tubes à vide (l'équivalent de 18 000 transistors). Une unité logique (un tube à vide) coûtait donc 1 300 dollars d'aujourd'hui et consommait environ 10 watts (soit la puissance d'une petite ampoule).

L'ordinateur portable sur lequel j'ai tapé le manuscrit de ce livre pèse 2,5 kg, comporte 50 millions de transistors, consomme 25 watts, et m'a coûté 1 500 euros. L'unité logique pèse dix millions de fois moins que celle de l'ENIAC, consomme 20 millions de fois moins et, surtout, vaut désormais 3 millièmes de centime d'euro, soit environ *40 millions* de fois moins cher que celle de l'ENIAC ! Incidemment, notons que cette diminution drastique de la consommation d'*un* ordinateur est allée de pair avec une augmentation tout aussi drastique de la quantité d'électricité consommée par *tous* les ordinateurs. Mais, surtout, le prix de la circulation de l'information a été rendu infinitésimal. Ce que montrent les petits calculs ci-dessus, c'est que le prix réel de la communication (voix, images, informations complexes, plans, ordres d'achat et de vente, etc.) a été divisé par un facteur proche du million depuis l'après-guerre. Et cette division unitaire, comme souvent, est allée de pair avec un remplacement croissant du temps des hommes (qui vaut cher) par de l'énergie fossile (qui ne vaut rien). Lorsque les bipèdes ont cédé la place à des machines dans la circulation de l'information, les émissions de $CO_2$ ont bondi. Il faut émettre environ 1 tonne de $CO_2$ pour fabriquer un ordinateur portable, et 12 euros de facture de téléphone engendrent l'utilisation d'environ 400 grammes de combustibles fossiles. L'énergie abondante et à bas prix a aussi très fortement imprimé sa marque sur la circulation des informations.

## LE PÉTROLE, OU LA MULTIPLICATION DES SURHOMMES

Ce facteur diviseur dans le prix réel du maniement de l'information permet aujourd'hui aux usines de tourner (toute usine comporte une machine à commande numérique), à la Sécurité sociale de nous rembourser, à nos souvenirs de vacances d'être stockés sur un disque dur ou une cassette, aux avions de voler, aux trains de circuler, et aux banques de financer tout cela. Sans ordinateurs et sans serveurs, l'Occident s'écroulerait du jour au lendemain. Même les activités dites « dématérialisées » ont profité de la baisse du prix réel de la circulation d'un électron, notamment toutes les activités bancaires et financières. Si demain les opérations quotidiennes d'une banque devaient de nouveau être tenues par des comptables en costume (gris de préférence) s'appliquant à calligraphier sur de beaux registres, il se passerait l'une des deux choses suivantes : les banques devraient soit embaucher immédiatement mille à cent mille fois plus de monde, soit diviser immédiatement par mille à cent mille leur nombre d'opérations. Cela ne serait pas très loin de signifier une contraction par le même facteur de la monnaie scripturale, un arrêt immédiat de la quasi-totalité des échanges mondiaux (impossibles dans leur version actuelle sans échanges d'information massifs basés sur les systèmes d'information modernes, notamment pour les échanges bancaires et financiers) et d'autres processus un peu difficiles à deviner de manière précise, sauf à lire dans le marc de café.

Plus d'informations, ce n'est donc pas moins d'énergie ! Du reste, depuis 1800, la quantité d'informations qui circule dans le monde évolue à peu près comme la quantité… de marchandises. À bien y regarder, il n'y a rien de très étonnant : plus il est facile de communiquer, et plus il est facile de faire des affaires, lesquelles impliquent tôt ou tard un transport de marchandises. À l'inverse, la bonne nouvelle, c'est que, dans un monde à l'énergie fortement contrainte, nous serons probablement moins inondés de mails qu'aujourd'hui !

*Le droit au logement, encore du pétrole*

Des ordinateurs, cela s'utilise généralement sous un toit, et au chaud là où existe un hiver. Nous voici passés de l'électronique au logement, qui est encore un poste pour lequel la baisse du prix réel de l'énergie a considérablement changé les choses. Avant le règne des hydrocarbures, construire des logements imposait de charrier, à la force de ses muscles, pierres et poutres, torchis et lauzes, et tout le reste ; construire son toit représentait l'œuvre d'une vie, voire de plusieurs (chaque génération agrandissant un peu le legs des générations précédentes). Même chose pour le « tertiaire » : il a fallu un siècle ou deux pour construire Notre-Dame (le clergé relève du tertiaire !) ; il faut aujourd'hui un an seulement pour construire une tour de quelques centaines de mètres de haut.

Outre qu'il prenait plus de temps à construire, le logement d'alors proposait moins d'espace habitable par occupant que les immeubles modernes. Chaque enfant n'avait pas sa chambre (sauf chez les grands bourgeois), la salle de bains n'existait pas, pas plus que les toilettes intérieures, les pièces à vivre étaient souvent assez petites pour pouvoir être chauffées avec l'âtre ou un poêle ; bref, les conditions de l'époque auraient souvent fait passer pour un logement tout à fait décent ce que nous appelons aujourd'hui des logements « insalubres ».

L'énergie sans limites a permis de remplacer, à toutes les étapes, les muscles par des machines, de celles qui extraient le calcaire des carrières (pour faire du ciment et des granulats), le minerai de fer et le charbon des mines (les deux sont nécessaires pour faire les ferrailles à béton), jusqu'aux moteurs qui acheminent ces matériaux sur place et à ceux mis en œuvre sur chantier (élévateurs et autres bétonneuses). Remplacer les biceps par des vérins hydrauliques permet de construire un logement en six mois, pour un coût complet qui représente « seulement » 10 années du revenu de l'occupant : encore une division par plusieurs dizaines du prix réel des objets ! En fait, le facteur diviseur par mètre carré est probablement encore plus élevé, puisque nous avons aussi profité de cette évolution pour nous agrandir. Sur la seule période qui va des années 1970 à aujourd'hui, la surface habitable moyenne par personne est passée de 25 à 40 m². Mais, comme pour le reste, ce progrès de court terme a un « prix » environnemental de long terme (en plus de la consommation de ressources non renouvelables) : construire 1 m² de logement standard conduit à émettre dans l'atmosphère environ 300 kg de $CO_2$ : autant que pour parcourir 1 500 km en voiture.

Dans les logements, la baisse du prix de la calorie fossile a permis une autre évolution plus récente : l'arrivée de la chaleur (le chauffage central, l'eau chaude sanitaire) et de la « fée électricité ». Dans les années 1950, l'essentiel des habitations rurales, qui hébergeaient à l'époque à peu près la moitié de la population, n'étaient pas équipées de chauffage central, et encore moins d'accès à l'électricité. Aujourd'hui, partout en France, les électrons réfrigèrent les aliments, lavent le linge, chauffent et éclairent les pièces, et font circuler l'information, l'ensemble coûtant toujours aussi peu cher qu'à l'époque où il fallait enfourner des bûches dans le poêle. Comme nous le verrons plus bas, ce fut d'abord grâce au charbon et au fioul qu'il y a aujourd'hui de l'électricité dans les maisons, partout dans le monde ou presque.

*Pour divorcer, quelle énergie !*

La combustion pour tous n'a pas eu que des conséquences strictement techniques : elle a aussi profondément modifié nos modes de vie, jusqu'à augmenter les taux de divorce. Le divorce, à cause du pétrole ? Cela se plaide… Pour divorcer, il faut avoir des revenus suffisants (qui augmentent quand le prix de l'énergie baisse, chacun « héritant » d'une partie de la hausse de la productivité des machines) et de l'espace habitable supplémentaire (ce qui arrive quand le prix de l'énergie baisse). Si nous regardons ce que le divorce implique en termes de physique, la dépendance à l'énergie apparaît clairement : se séparer demande deux fois plus de logements (à construire et à chauffer), deux fois plus d'objets de la vie courante à fabriquer (tables, chaises, machines à laver, placards à balais, etc.), et un surplus de déplacements pour les visites des enfants. Le divorce engendre le plus souvent une baisse de la disponibilité du parent ayant la garde des enfants (qui doit travailler à l'extérieur), et en conséquence un appel plus important à l'activité marchande pour remplacer des biens et des services qui, avant le divorce, étaient assurés de façon non marchande, comme la garde des enfants, la préparation des plats cuisinés, etc. Ces services ne sont pas si dématérialisés : les gardes d'enfants ont souvent besoin d'une voiture... ou d'un local chauffé, sans parler des plats préparés, des jeux, et de mille autres bricoles produites par une industrie gourmande en hydrocarbures. Il semble donc parfaitement logique que les pays où le divorce est le plus répandu sont aussi les pays où l'abondance énergétique est la plus marquée, et c'est bien comme cela qu'évolue le monde !

Le divorce n'est en fait que la partie émergée d'un iceberg qui a pour nom « conséquences sociales de l'augmentation de la productivité du travail grâce aux machines alimentées en énergie toujours plus abondante ». En effet, permettre à chaque être humain de transformer de plus en plus de ressources par unité de temps, par l'intermédiaire des machines, n'a pas permis que le divorce, mais plus généralement tous les réaménagements de notre emploi du temps qui découlent d'une productivité – au sens comptable du terme – multipliée par plusieurs dizaines à plusieurs centaines.

Les machines cultivent les pommes de terre à notre place ? Plus besoin de paysans aux champs. Elles produisent assiettes et torchons ? Plus besoin d'ouvriers dans les usines. Voilà qui nous fait bénéficier d'un surplus de temps libre, surplus que nous avons affecté à cinq usages « non productifs » : travailler moins chaque semaine, étudier plus longtemps, partir en vacances plus souvent, prendre notre retraite plus tôt, et surtout… avoir une fraction croissante d'emplois consistant à manipuler de l'information plutôt que de la matière. Étudiants, enseignants, comptables, informaticiens, chercheurs, banquiers, employés de la Sécu, retraités, vacanciers et guides de musée sont tous des enfants de l'énergie abondante à prix décroissant : rien de tout cela ou presque n'existe dans les pays où l'énergie reste un luxe.

Pour qui ne se méprend pas sur la signification de nos indicateurs, tout cela est normal. Ce que nous appelons « création de richesses » n'est en fait qu'une transformation de ressources naturelles, et tout notre système économique ne consiste qu'à utiliser ces ressources pour en faire autre chose. C'est évident pour les activités dites de production, ou encore industrielles. Mais les activités de service ne peuvent pas exister par elles-mêmes : il leur faut des objets et des flux de matière sur lesquels se baser ! Un professeur a besoin d'une salle de classe (donc indirectement d'une cimenterie et d'une aciérie), d'un moyen de transport pour venir en cours (donc d'industrie automobile et de produits pétrochimiques : routes, essence, etc.). Il a aussi besoin d'être chauffé l'hiver (donc de constructeurs de chaudières et d'opérateurs pétroliers), et accessoirement d'un peu d'industrie manufacturière pour disposer d'une craie, d'un tableau noir et maintenant de quelques ordinateurs. Ce schéma est en fait valable pour tous les services, y compris les « services à la personne », qui supposent des personnes solvables grâce au travail des autres (mais non productives par elles-mêmes), le système de soins (que d'énergie en amont de l'hôpital pour faire les appareils d'imagerie, les médicaments et réactifs de laboratoire, les draps et lits, faire avancer les ambulances, construire et chauffer l'hôpital !), les artisans du bâtiment, les restaurateurs, etc. Tous manipulent ou gèrent des flux physiques issus de l'appareil productif.

Résumons-nous : la croissance de la quantité d'énergie consommée par personne, qui permet en termes purement physiques d'augmenter la productivité des gens qui travaillent, a pour conséquence d'assurer la nourriture, le logement, l'habillement, les loisirs, etc., des gens qui ne travaillent pas (au sens d'une production directe), dont les retraités et les étudiants. Retraites et études longues sont donc tout autant « assises » sur des consommations d'énergie importantes, et c'est bien ainsi que se lit la géographie actuellement : il n'y a beaucoup de retraités et d'étudiants que dans les pays qui consomment beaucoup d'énergie !

Évidemment, ce lien de cause à effet est porteur d'une très mauvaise nouvelle pour tous ceux qui ont cru, de bonne foi le plus souvent, que le problème des retraites était en bonne voie d'être réglé après la réforme initiée en 2010. En effet, la contrainte sur l'approvisionnement énergétique futur, qui va venir contrarier la productivité physique de manière forte, aura pour conséquence que le niveau relatif des retraites baissera, et que l'on va probablement pour partie revenir à un système de gestion des personnes âgées économe en énergie, c'est-à-dire... les garder chez leurs enfants. Avant l'énergie abondante, les personnes âgées partageaient la vie de la génération suivante – qui habitait au même endroit – et elles faisaient du tricot et de la garde d'enfants, ce qui contribuait à la production globale à la mesure de leur productivité résiduelle, au lieu de consommer du travail productif dans des institutions spécialisées. La question n'est pas de savoir si cette organisation est désirable ou pas. Conserver, dans un monde énergétiquement contraint, une grande autonomie à l'âge de la retraite, et plus encore à l'âge de la dépendance, revient à ce que les retraités gardent pour eux une fraction croissante de la production physique brute du pays, au détriment de ceux qui travaillent. On peut douter que cela soit un état d'équilibre stable !

*Chapitre II*

# METTRE LES VILLES À LA CAMPAGNE, C'EST FAIT !

L'affaire est donc entendue : si nous sommes devenus des consommateurs rois, nous le devons avant tout à la photosynthèse passée, à la tectonique des plaques et à la radioactivité naturelle des roches, qui ont contribué à cette alchimie particulière qu'a été la formation des combustibles fossiles, et non avant tout à la fibre hautement sociale des élus qui ont tout fait pour augmenter notre pouvoir d'achat.

Cette modification radicale de notre consommation matérielle, puis immatérielle, est bien sûr allée de pair avec une transition tout aussi massive de l'appareil de production (ou plus exactement de l'appareil de transformation des ressources naturelles), que le plus souvent on illustre par les mutations techniques qui la sous-tendent : apparition des machines à vapeur, des moteurs à explosion puis des moteurs électriques, etc. Mais ce sont les modifications en profondeur de l'organisation de la société qui en constituent les marques les plus structurantes. Leur inertie va d'ailleurs nous confronter aux défis les plus redoutables pour l'avenir.

La première de ces transformations massives concerne la structure des métiers. Pendant les centaines de milliers d'années qui ont séparé la sédentarisation de notre espèce de la révolution industrielle, nos ancêtres avaient pour occupation principale l'exploitation de la photosynthèse. Cette exploitation s'est d'abord faite sous forme de chasse, de pêche et de cueillette, avec l'aide de quelques pierres (silex) puis d'un peu de métallurgie rudimentaire (bronze, puis fer), et enfin sous forme d'agriculture, avec là encore l'aide de quelques ressources minérales.

## De la charrue à la clé de 12

Puis survient la révolution industrielle, marquée par l'arrivée de la machine à vapeur et surtout le début de la multiplication des esclaves énergétiques, qui s'apparente presque à celle des petits pains. Et, d'une manière au fond étonnante, un des premiers effets de l'apparition des usines a été d'augmenter la production agricole par heure de paysan. Le premier apport de l'industrie à l'agriculture fut constitué par les engins agricoles, qui ont des capacités à travailler la terre des centaines de fois supérieures à celles des hommes. Avant même le moteur à combustion interne, la moissonneuse-batteuse tirée par des dizaines de chevaux existait aux États-Unis dès la fin du XIXe siècle, et avait déjà permis de faire bénéficier les paysans de l'apport des usines. Aujourd'hui, un tracteur de 70 kilowatts, soit 100 chevaux, fournit la même puissance en sortie de moteur que celle de 100 chevaux de trait. Il faudrait 1 000 hommes utilisant leurs jambes, ou 10 000 hommes utilisant leurs bras, pour arriver à cette valeur. Au vu de ces chiffres, on peut se demander si la fin de l'esclavage dans les champs – il faut nourrir les esclaves, même si leur acquisition n'a rien coûté – ne doit pas plus au pétrole et au gaz qu'à la générosité naturelle des hommes !

L'apparition des engrais de synthèse, autorisant une fertilisation des sols à bas coût et le maintien d'une production importante même sur des substrats pauvres en nutriments, est aussi une conséquence de l'exploitation des hydrocarbures : ces engrais sont fabriqués avec du gaz naturel, une matière tout à fait fossile. Leur apport, conjugué avec la fourniture d'un tracteur à chaque agriculteur, a permis de diviser la force de travail par hectare d'un facteur 10 à 50, tout en multipliant par 10 la production par hectare. Grâce au pétrole et au gaz, la productivité par agriculteur a donc été multipliée par 100 à 500 !

Un autre effet de l'abondance d'énergie a été l'amélioration de la conservation des aliments : la seule fabrication en série de bocaux en verre ou de boîtes de conserve a permis des progrès sur ce plan, avant même l'avènement des chaînes du froid ou des emballages protégeant de l'air et de l'eau. Et moins de récoltes perdues, mal entreposées ou pourries améliore le rendement

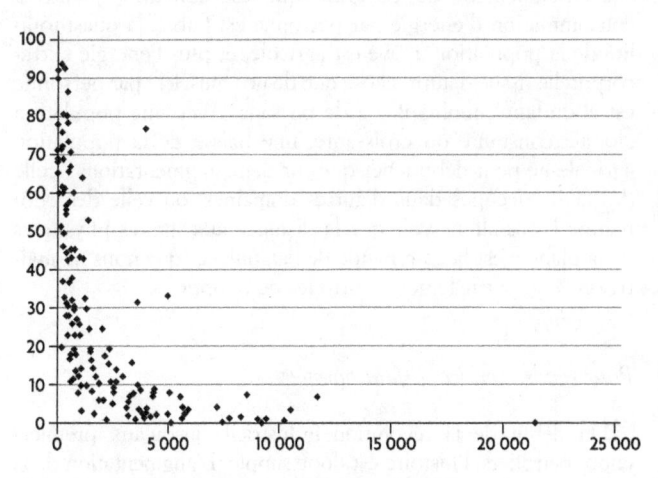

*Pourcentage de la population active dans l'agriculture (axe vertical) en fonction de la consommation d'énergie par personne et par an (axe horizontal), kilo équivalent pétrole par personne et par an. Chaque point sur ce graphique correspond à un pays dans le monde (l'ensemble des pays de la planète est représenté). Sources des données : Food and Agriculture Organization of the United Nations (FAO), 2006, pour l'agriculture, et International Energy Agency (IEA) Statistics Division, 2006, pour la consommation d'énergie par personne. Les données datent de 2004.*

global du champ à l'assiette, ce qui contribue aussi à diminuer les effectifs agricoles. Nous venons donc de comprendre pourquoi les prix réels de la nourriture ont diminué d'un facteur 10 à 100, mais ce qui précède a une autre conséquence logique : le nombre d'hectares à cultiver ne pouvant augmenter sans limite, la forte hausse de la productivité des agriculteurs rend « inutiles » un grand nombre d'entre eux. Si on regarde, pour chaque pays du monde, comment la part des actifs dans l'agriculture varie en fonction de la consommation d'énergie par habitant, on obtient la courbe de la page précédente.

L'enseignement de ce graphique est édifiant : quand la consommation d'énergie par personne est faible, la quasi-totalité de la population active est agricole, et plus l'énergie extracorporelle (issue d'autre chose que de nos muscles) par personne est abondante, moins il y a de paysans. Avec une population globale constante ou croissante, une baisse de la population agricole ne peut déboucher que sur deux augmentations : celle des actifs occupés dans d'autres domaines, ou celle des chômeurs. Nous allons voir que la distance aux limites physiques de la planète est la commande de l'aiguillage (que nous ne maîtrisons que partiellement) entre les deux options.

*Pour rendre service, il faut pomper…*

Du début de la révolution industrielle jusqu'aux premiers chocs pétroliers, l'histoire est donc simple. L'augmentation de la productivité du travail agricole libère des bras qui vont pouvoir utiliser une foule de ressources autres que la photosynthèse, tout en pouvant être nourris quand même. Débute alors l'exploitation croissante des minerais, des forêts, des roches, bref, à peu près tout ce qui se trouve à la surface ou en dessous. Cet afflux de bras pour transformer des ressources minérales ou biologiques (disponibles sans limites à l'époque) signifie d'abord la croissance du secteur industriel, puis de celui des services, vaste catégorie fourre-tout qui recouvre aujourd'hui une réalité très hétérogène, mais qui a le plus souvent pour caractéristique de ne pas pouvoir exister sans des flux physiques sous-jacents créés par l'industrie ou prenant place dans les services eux-mêmes (comme pour les transports). La part des emplois dans l'industrie et les services doit alors augmenter de manière forte, ce qui a effectivement été le cas dans notre pays, comme dans tous ceux qui ont été le siège de la révolution industrielle au XIXe siècle.

Les services, souvent vus comme une manière de procurer des emplois en consommant moins de ressources naturelles que l'industrie, n'apparaissent en fait qu'une fois la société très

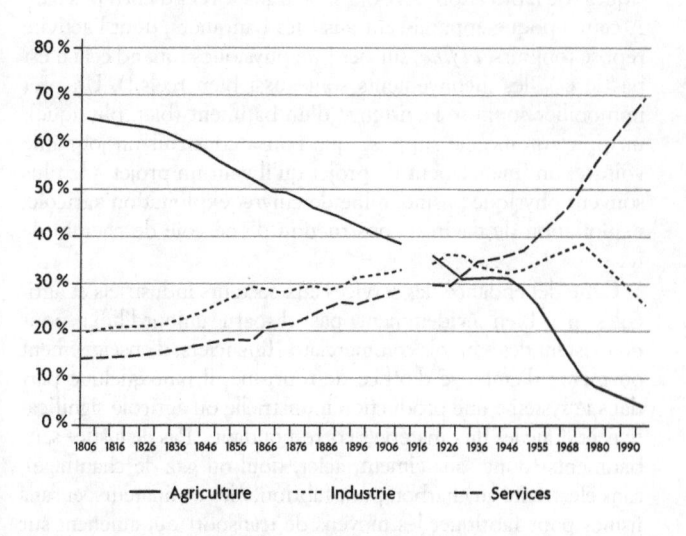

*Part de la population active française dans chaque secteur d'activité de 1800 à 2000. Source INSEE.*

industrialisée. Nous l'avons déjà affirmé plus haut : les services regroupent des activités qui ont besoin soit de flux matériels massifs (par exemple les transports ou le commerce), soit d'employés ou de consommateurs disponibles grâce à la productivité de l'agriculture et de l'industrie.

Historiquement, les premiers emplois de service concernaient surtout le commerce et les domestiques. En 1800, la moitié des emplois tertiaires étaient occupés par du personnel de maison, employé à l'évidence chez les bourgeois qui avaient amassé assez d'argent pour pouvoir les payer. Que faisaient les bourgeois en question ? Soit de l'agriculture (avec des flux physiques), soit de l'industrie (avec des flux physiques), soit du commerce, activité tertiaire assurément, mais « assise » sur des flux bien physiques (de fabrication des objets, de transport et d'entreposage). À cette époque apparaissent aussi les banquiers, dont l'activité repose toujours, *in fine*, sur des flux physiques (quand cela n'est pas le cas, les inconvénients sont aussi bien réels !). Un prêt immobilier suppose l'existence d'un bâtiment (bien physique), un prêt automobile suppose que l'on a construit un jour une voiture, un financement de projet qu'il y ait un projet – le plus souvent physique : usine, mine de cuivre, exploitation agricole, exploitation de navires, construction d'une voie de chemin de fer...

Cette dépendance des services aux secteurs industriels et agricoles n'a bien évidemment pas disparu aujourd'hui : pour qu'existent des emplois commerciaux, financiers, d'enseignement ou même d'employé d'office de tourisme, il faut quelque part dans le système une production industrielle ou agricole significative, et donc les flux matériels correspondants. Pas de justice sans bâtiments (donc sans ciment, acier, fioul ou gaz de chauffage), sans électricité au charbon pour fabriquer les ordinateurs, et sans usines pour fabriquer les moyens de transport qui amènent sur place plaignants et magistrats. Pas de coiffeurs sans bâtiments, sans moyens de transport (pour acheminer les clients à tout le moins), sans usines pour fabriquer shampoings et ciseaux. Pas de poissonniers sans chalutiers (en acier et fonctionnant au fioul), pas de magasins de jardinage sans usines de tondeuses à gazon ou de cisailles, sans parler des serres chauffées. Pas d'hôtels sans bâtiments, et sans voitures, avions et trains qui permettent de s'y rendre. Pas plus d'agences de voyages… sans voyages ! C'est l'occasion de rappeler qu'une partie des services sont constitués des services de transport, soit de personnes (trains, avions, bus), soit de marchandises (camions, avions, bateaux, trains), qui ne sont pas réputés fonctionner sans énergie. Tout ce qui est rappelé ci-dessus explique pourquoi, quand nous regardons autour de nous, les pays dotés de beaucoup de services sont aussi ceux qui consomment beaucoup d'énergie.

De fait, les emplois de service ne peuvent être occupés que par des travailleurs libérés des tâches directement productrices de biens. Et si les hommes n'y sont plus et que la production a toujours lieu, c'est qu'ils ont été remplacés… par des machines et de l'énergie. À ce moment, les services peuvent être vus pour ce qu'ils sont vraiment : des activités de gestion des flux physiques produits par des machines. Si nous jouons au petit jeu de « Quoi dépend de quoi ? », nous réaliserons que, pour n'importe quel emploi de service, le lien de dépendance fait remonter à des flux physiques assis sur des emplois industriels ou agricoles et… des ressources naturelles à transformer. Croire qu'une société tertiarisée est débarrassée de son problème d'énergie est donc un leurre : c'est exactement le contraire ! On confond, dans cette affaire, la part de l'emploi dans les services avec les flux physiques globaux. Tous deux ont augmenté en parallèle, et ce n'est probablement pas un hasard.

Depuis la révolution industrielle, l'histoire va donc son chemin, avec de plus en plus de bras déversés dans l'industrie et de plus en plus dans les services. Par ailleurs, la productivité du travail augmente grâce (un peu) à l'ingéniosité des ingénieurs ingénieux, et grâce (surtout) à une énergie de plus en plus disponible et de moins en moins chère en termes réels, laquelle met au service de chaque ouvrier une armée d'esclaves énergétiques. Dans ce monde d'énergie quasi gratuite, l'emploi baisse naturellement toutes choses égales par ailleurs : dès qu'il existe une usine regroupant quelques centaines ou milliers d'ouvriers faisant la même chose, les remplacer par une machine permet de substituer beaucoup de travail (qui coûte cher) par un peu de travail (pour concevoir la machine et la fabriquer) et beaucoup d'énergie (quasi gratuite). Le formidable différentiel de prix entre énergie humaine et énergie fossile va donc engendrer la mécanisation, la robotisation, et tout ce qui s'ensuit.

Sous l'effet de cette mécanisation, la production de tout secteur industriel augmente, et transforme de plus en plus vite des ressources naturelles pour en faire des verres et des tables, puis des moteurs et des pompes, puis des véhicules et des chaudières, puis des frigos et des téléviseurs… Mais cette mécanisation, qui conduit à remplacer des hommes par des machines, n'a pas empêché l'emploi industriel d'augmenter jusqu'en 1975. Pourquoi ? Parce que, pendant toute l'époque qui va de 1800 à 1970, le monde est encore plus vaste que l'appétit des hommes, et les ressources restent immenses. Si un gain de productivité dans un secteur A conduit à un surplus de bras parce qu'ils ont été remplacés par des machines, il est possible à ces bras d'aller dans un secteur B pour y exploiter des ressources encore disponibles. Il n'y a donc pas de chômage, ce qui revient à dire que le facteur limitant de la transformation croissante des ressources est le nombre de paires de bras pour les exploiter, et non la quantité de ressources à extraire du sol. Et vogue la galère d'une production industrielle qui ne cesse d'augmenter, mais surtout d'une production par personne qui ne cesse d'augmenter, et qui va en regard de l'augmentation rapide du pouvoir d'achat.

## Rien ne va plus

Puis arrivent les premiers chocs pétroliers, qui vont marquer un premier tournant dans l'histoire industrielle des hommes : le début de la pénurie relative de pétrole. Pénurie, direz-vous ? Mais du pétrole, il y en a toujours de plus en plus ! Outre que cela est devenu faux depuis 2005 (le monde en produit à peu près la même quantité tous les ans ; sur cette quantité, il y en a de moins en moins pour l'Europe, et la tendance devrait se renforcer), la quantité de pétrole disponible par Terrien est en diminution depuis... 1979 : c'est cela qu'on appelle une pénurie relative. Sans encore parler de « moins » au total, cela fait déjà de moins en moins par personne.

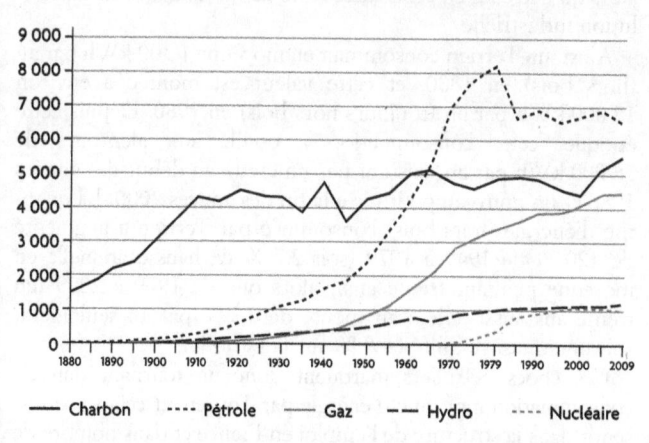

*Consommation d'énergie primaire, hors bois, exprimée en kWh par personne et par an, en moyenne mondiale (éolien et autres renouvelables « nouvelles » représentent 4 % de la production hydroélectrique et ne figurent pas sur ce schéma). Sources : calculs de l'auteur sur données Shilling et al., 1977 (énergie avant 1965), BP Statistical Review 2010 (énergie après 1965), Nations unies (population).*

Évidemment, ce moins par personne (magie des moyennes !) peut signifier qu'une population croissante d'humains n'en consomment pas du tout pendant que ceux qui en consomment continuent à en consommer de plus en plus, mais, en l'espèce, ce moins par personne a aussi touché la France. Par exemple, la consommation de pétrole par Français était 30 à 40 % plus élevée en 1979 qu'aujourd'hui.

Comme le pétrole est le premier contributeur à l'approvisionnement énergétique dans le monde à l'époque (de 1968 à 1978, le pétrole oscille entre 42 % à 45 % du total mondial, contre 33 % aujourd'hui), cette décroissance de la quantité de pétrole par personne a conduit plus généralement à une stabilisation de la quantité totale d'énergie consommée par Terrien et par an, alors qu'elle était en croissance forte depuis le début de la révolution industrielle.

Ainsi, un Terrien consommait en moyenne 1 500 kWh par an (hors bois) en 1880, et cette valeur est montée à environ 18 000 kWh par an (toujours hors bois) en 1980. Depuis cette époque, cette consommation a oscillé aux alentours de 18 000 kWh par an, passant par un creux au début des années 1980 et un nouveau petit pic à la fin des années 2000. La quantité d'énergie (hors bois) consommée par Terrien a augmenté de 120 % de 1949 à 1979 (soit 2,7 % de hausse annuelle en moyenne pendant trente ans), alors que de 1979 à 2009 (en trente ans aussi) elle a augmenté de 0,2 % par an seulement, soit une quasi-stabilité (+ 6 % sur la période).

Ces chocs pétroliers marquent donc un tournant dans la consommation moyenne d'énergie par Terrien, et cela va se ressentir dans la structure de l'emploi en France et dans nombre de pays industrialisés. Le flux global de transformation (qui est *grosso modo* mesuré par le PIB) cesse de croître fortement, et dans de nombreux secteurs les gains de productivité (qui continuent à exister, à cause de l'apport des autres énergies d'une part et du progrès technologique d'autre part) vont plus vite que la production globale. Les emplois industriels devenus inutiles dans ces secteurs ne peuvent plus être compensés par de nouveaux emplois dans des secteurs qui exploiteraient de nouvelles ressources, faute d'énergie supplémentaire suffisante pour cela, et l'emploi industriel commence à baisser en part relative, puis en valeur absolue. Mais cette baisse relative n'empêche pas la production industrielle totale d'augmenter, chez nous ou… chez les autres. On peut donc continuer à augmenter les services qui lui font suite : commerce (l'un des premiers emplois de service en France est tout simplement celui de vendeur, or il dépend pour partie de la production industrielle qui a lieu à l'étranger), transports, activités financières, activités de service aux entreprises, etc.

Ce plafonnement de la consommation d'énergie par personne marque le début d'une nouvelle période de l'histoire économique mondiale : alors que de 1850 à 1970 il y avait une crise économique majeure tous les cinquante ans ou à peu près (les deux principaux épisodes sont 1870 et 1929), depuis 1974 et l'infléchissement de la consommation d'énergie par personne il y a une crise régionale majeure, avec implications mondiales, tous les cinq ans. Revenir à la définition physique de l'énergie permet de comprendre cette situation, à défaut d'en donner une explication irréfutable : moins d'énergie disponible par personne, c'est une moindre possibilité de flux de transformation par personne. L'économie, qui a été configurée pour avoir structurellement besoin de croissance physique (pour conserver des emplois en même nombre avec une recherche permanente de productivité), commence à subir des cahots réguliers. C'est le début des crises, avec un enchaînement qui est à peu près toujours le même : l'économie physique ne peut pas suivre l'économie financière qui a parié sur une croissance excédant les possibilités physiques futures du monde, et le système se régule à grands coups de récession et de crises financières ou monétaires.

Depuis 1975, ce schéma s'est répété cinq fois : une hausse du prix du pétrole, qui matérialise un approvisionnement plus contraint sur l'or noir, est suivie par une crise économique, logique puisque la moindre disponibilité du pétrole signifie une moindre accessibilité de l'aptitude à transformer. La crise économique est naturellement suivie par une crise bancaire, puisque le métier d'une banque est de prendre des paris sur l'avenir. Si l'on prête de l'argent en pensant que le revenu de l'emprunteur va augmenter demain, ce qui va lui permettre de rembourser le prêt, et si ce revenu n'augmente pas, tout s'écroule. La fameuse crise des subprimes aux États-Unis est ainsi étroitement liée à l'histoire du pétrole depuis trente ans, même si peu de gens s'en rendent compte. Le premier épisode va se jouer juste après les chocs de 1974 et 1979. L'approvisionnement mondial en pétrole cesse de croître au même rythme que depuis le début de la seconde révolution industrielle : la production mondiale de pétrole augmentait en moyenne de 6 % à 10 % par an de 1850 à 1975, alors qu'après cette date l'augmentation par an est passée à 1 % ou 2 %. De ce fait, l'économie physique ne peut plus croître au même rythme. Étant la plus dépendante de toutes à l'abondance énergétique, l'économie américaine ralentit fortement, et la production de crédits des banques américaines ne peut pas augmenter aussi vite qu'elles le souhaiteraient. Elles inventent alors un instrument diabolique pour faire comme si rien ne se passait : la titrisation. Diabolique, parce que cette technique revient à contourner délibérément les ratios de solvabilité imposés aux banquiers[1] et à leur permettre de mettre des crédits en circulation sans autre limite que l'appétit des épargnants.

Mais ce genre de technique concourt à ce que la dette des entreprises et des ménages augmente plus vite que le PIB (ce que nous avons effectivement constaté), et cette augmentation continue jusqu'au moment où une nouvelle tension sur l'appro-

---

[1]. Le ratio en question impose que quand la banque prête 100, elle ait en fonds propres x % de ces 100, x pouvant varier entre 4 et 8.

visionnement énergétique fait ralentir encore plus la production, disparaître la confiance dans l'avenir, et conduit à une crise bancaire majeure à cause des dettes accumulées. Entre 2005 et 2008, nous en avons fait l'expérience : la production de pétrole n'a quasiment plus augmenté ; l'énergie disponible par personne a stagné dans le monde (et baissé en Occident), la production a ralenti (l'Occident est entré en récession), la solvabilité des agents économiques n'a pas évolué à la bonne vitesse pour assurer les remboursements avec intérêts ; une crise s'est déclarée, et c'est toute la sphère bancaire et financière qui s'est mise à vaciller en conséquence.

Ce que nous avons vécu entre 2008 et 2010 est donc très exactement le scénario décrit dans *Le Plein s'il vous plaît*, publié en 2006 : une tension sur l'offre de pétrole (qui était prévisible pour les connaisseurs du secteur) engendre une crise énergétique, puis une crise économique et une crise bancaire. Et tant que nous n'aurons pas fait la révolution à laquelle nous appelions dans *C'est maintenant !* (publié en 2009), et qui reste tellement d'actualité que cet ouvrage y revient largement, les mêmes causes reproduiront les mêmes effets. Sans grand risque de se tromper, une nouvelle récession durable est très probable entre 2012 et 2014.

En attendant, avec la crise arrive le chômage, et, derrière le chômage, la tentation totalitaire. Chez nous, les chocs pétroliers amèneront peut-être Marine Le Pen au deuxième tour… En 2010, un sondage (même s'il faut toujours se méfier des sondages !) avait indiqué que 20 % à 25 % des Grecs considéraient que la démocratie n'est pas un bon système, et qu'il fallait revenir à un régime plus strict. Cet épisode a aussi vu l'émergence – y compris chez nous – d'une crise de confiance dans les corps intermédiaires, dans l'euro, dans l'Europe, bref, dans les piliers d'une construction européenne ouverte et démocratique. N'oublions jamais que la boucherie européenne n'est vieille que de soixante ans… Or, la dépendance de l'Europe aux énergies fossiles est à terme une dépendance mortelle pour la démocratie. Il serait temps de s'en préoccuper un peu plus sérieusement.

*T'as du pétrole ? Tu déménages !*

Si nous en revenons au sens de l'histoire, nous avons vu que les transitions agriculture vers industrie, puis industrie vers services sont pilotées par la quantité d'énergie disponible. La modification de la structure des métiers est donc bien, comme il est expliqué au début de ce chapitre, la conséquence directe de la photosynthèse et de la tectonique des plaques…

Lorsque l'approvisionnement énergétique commence à être fortement contraint, il est logique que l'emploi tertiaire souffre autant que l'emploi productif, puisque le premier dépend du second. Même la bronca épisodique des étudiants en fac de lettres, qui se mettent en grève tous les cinq ans (à peu près), peut se lire comme une conséquence lointaine de la variation de l'approvisionnement énergétique ! Pourquoi ? Parce que, largement encouragés par la démagogie des élus qui n'ont pas compris où seraient les forces de frottement dans le monde futur, ces étudiants ont cru à une promesse qui bute déjà contre les murs de la physique : celle d'avoir « le droit » à un emploi de bureau après avoir appris des choses qui ne sont pas directement exploitables pour travailler la matière.

Qu'il soit utile pour la stabilité de la démocratie – et pour l'ouverture d'esprit de tout un chacun – que la population ait un fond de culture en histoire, en psychologie, en sociologie ou en anglais, cela se défend très bien. Par contre, que ce genre de formation permette de fournir un emploi de bureau à tous ceux qui ne sont ni agriculteurs, ni ouvriers métallurgistes, ni charpentiers, cela n'est possible que si des machines continuent à assumer des tâches productives à notre place, les employés de bureau se contentant de gérer les flux de matière qui en résultent (ce qui peut se faire avec des études littéraires). Dans un univers contraint sur les flux physiques, cela sera de moins en moins le cas. Il faudra donc changer la ligne de partage entre « vivre de l'exploitation maraîchère » et « vivre de l'histoire de la France sous Louis XV ou des recherches sur Spinoza ». Dès aujourd'hui, alors que le pétrole est devenu contingent depuis trente ans en termes d'approvisionnement par personne, il est devenu plus difficile de trouver un emploi comme employé de bureau que comme plombier, maraîcher ou ingénieur dans l'énergie (indépendamment des questions de rémunération). Avec beaucoup d'énergie, on pourrait « vendre » à la population un programme politique où tout le monde aurait droit à des études supérieures, le plus souvent littéraires, puis à un emploi dans un fauteuil. Mais cela n'est déjà plus possible…

Comme les emplois tertiaires se trouvent là où sont les bureaux et les magasins, et que, pour des raisons d'optimisation énergétique des échanges, ces derniers se trouvent en ville, la tertiarisation de l'économie est allée de pair avec l'urbanisation de la population. Bien entendu, les échanges – donc les villes – existaient avant le pétrole, mais ce dernier les a considérablement fait grossir. Ce n'est pas un hasard si l'accès à l'énergie abondante a structuré les occupations du territoire de la même manière dans tous les pays du monde, indépendamment des régimes politiques. Plus les pays ont disposé tôt de grandes quantités d'énergie, plus ils ont développé tôt leur urbanisation.

Chronologiquement, l'abondance énergétique a d'abord supprimé les agriculteurs, et par contrecoup tous les habitants des petits villages dispersés qui vivaient du revenu des agriculteurs, qu'il s'agisse des maréchaux-ferrants, des commerçants locaux, des enseignants ou des fabricants de carrioles à cheval. Par ailleurs, l'abondance énergétique a permis le développement des usines, qui supposent d'avoir accès à une population ouvrière rassemblée sur le lieu de l'usine (les ouvriers n'ont pas de voiture au début du XXe siècle !) : premier facteur de construction des villes.

Ensuite, l'humanité énergivore se renforce en emplois tertiaires, qui sont des emplois d'échange (transports, commerce, services). Or, les échanges sont bien plus faciles en ville, qu'il s'agisse d'échanger des biens (commerce) ou des valeurs (règles de vie en commun, croyances), puisque tous les acteurs sont au même endroit, et que l'échange marchand peut se concrétiser par un transfert de propriété sans déplacement d'objet. Du reste, tant que les hommes n'avaient d'autre énergie de traction que leurs propres mollets, ou ceux d'un cheval quand ils étaient riches, ils ont bâti des zones urbaines denses, et bien réparties sur le territoire : les échanges étaient ainsi optimisés, à la fois parce que chacun avait un lieu d'échange pas trop loin de chez soi (un bourg, un village) et parce que ces lieux étaient denses, donc efficaces pour l'échange local. Comme l'échange de biens avait lieu au marché, et l'échange de valeurs dans les lieux de culte ou d'organisation de la vie publique, on retrouve dans à peu près tous les villages du monde une conception identique, avec ces lieux d'échanges qui occupent les places centrales (marché, lieu de culte, résidence du « chef » local ou représentation du pouvoir central). C'est encore le résultat de la physique !

Puis est arrivé le pétrole et son esclave énergétique à prix bradé. Ce dernier a permis à la fois une augmentation des flux (en volume, en masse) et une augmentation des distances à temps de déplacement constant. Comme il est devenu possible de conserver des échanges efficaces dans un tissu urbain de plus en plus distendu, nous avons pu réaliser le rêve d'Alphonse Allais : mettre les villes à la campagne. Les banlieues étalées de nos agglomérations, c'est exactement cela. La civilisation de la voiture, et elle seule, a pu mettre au milieu de la pampa (en grande banlieue) des lieux d'échanges auparavant situés en centre-ville, sans empêcher les flux de personnes qui sont à la base de leur fonctionnement : préfectures, marchés (les grandes surfaces), lycées et universités…

## METTRE LES VILLES À LA CAMPAGNE, C'EST FAIT !

Outre qu'elle a engendré l'accroissement des villes, l'abondance d'énergie a aussi permis de passer de l'habitat collectif à l'habitat individuel. Là encore, c'est la physique qui commande ! En effet, l'énergie emmagasinée à l'intérieur d'un logement est proportionnelle au volume, alors que les pertes sont proportionnelles à la surface en contact avec l'extérieur. Pour cette raison, maintenir à 19 °C un logement est d'autant plus économe en énergie qu'il se trouve dans un gros immeuble (dont le rapport volume/surface extérieure est maximal). Autrement dit, à surface habitable équivalente, les déperditions par les murs et les toits sont plus importantes pour une maison que pour un appartement. Entre un appartement dans un immeuble correctement isolé et un pavillon de banlieue un peu ancien, il y a même un rapport de 1 à 3 pour la quantité d'énergie de chauffage à utiliser (à surface égale évidemment). Permettant à la fois l'augmentation des flux physiques à gérer, des distances parcourues et des logements individuels, tous les pays qui ont disposé d'énergie à profusion ont créé la même structure de métiers, située dans le même type de tissu urbain. La civilisation industrielle a créé une population d'employés du tertiaire qui habite en banlieue proche ou éloignée d'une grande ville.

La carte de la France va changer en fonction de cette évolution. De grosses mégapoles et leurs banlieues apparaissent, les campagnes se vident pendant que prend place un remembrement lié au remplacement des agriculteurs (nombreux et acceptant de faire le tour des haies) par des tracteurs (qui n'aiment pas contourner les haies), et les routes et les trains (et les aéroports) permettent de relier les noyaux urbains créés. Voilà comment nous sommes passés d'une France peuplée partout à une France concentrant la population autour de grandes villes, séparées par des champs sans haies – et des forêts dès qu'il y a du relief – sillonnés d'autoroutes et de voies de chemin de fer à grande vitesse.

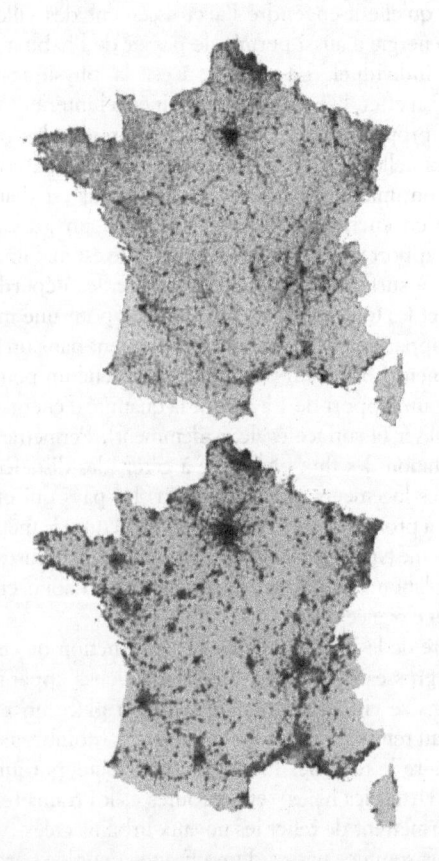

En haut, la France de 1936, pour 40 millions d'habitants. On passe du gris clair au gris foncé en fonction de la densité de population. En bas, la France de 2000 pour environ 60 millions d'habitants. La population totale a augmenté de 50 %, la population urbaine d'environ 150 %, et les aires urbaines ont été multipliées par 5 à 10 en fonction du lieu.

Avec ce changement de l'occupation du territoire, se produit un changement des échelles de temps et d'espace. Alors qu'à l'époque de l'énergie rare un être humain interagissait avec quelques dizaines de ses semblables dans un rayon de quelques kilomètres, il interagit désormais avec des milliers ou des dizaines de milliers d'individus, dans un rayon de plusieurs centaines ou milliers de kilomètres. Parents et enfants peuvent continuer à avoir un lien social en étant spatialement (très) éloignés, les chefs peuvent gérer des employés situés dans un autre pays, et au quotidien le domicile et le lieu de travail sont désormais distants de 15 kilomètres en moyenne, au lieu de moins d'un kilomètre il y a deux siècles.

Grâce à nos nombreux esclaves énergétiques, nous avons réussi à jeter cul par-dessus tête le modèle économique multiséculaire qui prévalait jusque-là, modèle dans lequel l'agriculture, l'artisanat et l'industrie exploitaient avant tout des ressources locales pour un approvisionnement local. Seuls voyageaient loin et sans se rendre tributaires des axes naturels (fleuves en particulier) les produits à haute valeur par unité de poids (la haute valeur s'entend relativement au pouvoir d'achat du moment) et qui se conservaient dans des conditions acceptables sur un trajet long : sel, tissus, bijoux, épices, or et argent, etc. Les produits à plus faible valeur par unité de poids étaient limités, pour leurs déplacements, à la proximité immédiate ou aux cours d'eau. Ce qui explique pourquoi toutes les villes européennes sont placées sur un fleuve : lui seul permettait l'acheminement économique des pierres de construction, du bois et d'une partie des céréales. L'augmentation de la quantité d'énergie disponible a ensuite permis de créer des axes « non naturels » (canaux, routes, ponts, voies de chemin de fer), de bâtir des infrastructures terminales (ponts, gares, entrepôts…), d'augmenter la puissance unitaire des moyens de transport, et tout cela a favorisé la circulation de biens de moins en moins précieux sur des distances de plus en plus longues. Le prix réel de l'énergie diminuant, les activités économiques se sont adaptées en exploitant des ressources prélevées à des centaines ou à des milliers de kilomètres. L'exemple le plus cité concerne les yaourts aux fruits, confectionnés dans une usine située ici, avec du lait provenant de vaches élevées à des centaines de kilomètres, des fruits venant d'encore plus loin, sans parler du plastique du pot, qui vient d'un puits de pétrole situé à des milliers de kilomètres de distance.

Mais cette règle est valable pour tout. La moindre usine est construite avec du fer qui a été extrait des entrailles de la terre à des milliers ou à des dizaines de milliers de kilomètres, et érigée avec des engins fonctionnant au pétrole qui vient lui aussi de milliers de kilomètres de distance. Elle produit des objets confectionnés avec des matières premières qui ont voyagé longtemps avant de franchir la porte de l'usine ; elle accueille des ouvriers vêtus avec un coton qui a poussé sur un autre continent, ou des fibres synthétiques issues d'un pétrole extrait au-delà des océans ; et elle expédie ses marchandises chez des clients souvent situés par-delà les montagnes…

Avant nos esclaves énergétiques, l'espace familier se mesurait en kilomètres (c'est l'ordre de grandeur de la distance qu'un homme peut parcourir en une heure) ; depuis, c'est plutôt la centaine ou le millier de kilomètres (qui correspondent là aussi à la distance qu'un moyen de transport moderne peut parcourir en une heure). Nous sommes passés de petites unités de production, avec des employés polyvalents, s'approvisionnant localement et diffusant tout aussi localement le fruit du labeur local, à des entités qui raisonnent *a minima* « pays », et le plus souvent bien au-delà (vendre dans tout le pays, il y a un siècle, était un exploit !). Dans ce changement d'échelle des organisations, il n'y a pas que la performance des moteurs de camion qui a été à la manœuvre. La mise à disposition d'emballages peu onéreux (difficile de transporter sans emballer) a été un autre déterminant du transport longue distance, et cela va de pair avec l'essor de l'industrie du carton et d'une fraction variable des autres matériaux (en France, 40 % du plastique servent à faire des emballages, par exemple).

## *Se soigner au pétrole*

Plus récemment, les télécommunications et l'informatique sont venues accélérer encore cette aptitude à agir loin : la mondialisation a certes été rendue possible par la baisse du coût réel du transport, mais aussi par la baisse du coût réel de la transmission d'une information. De l'informatique et des télécommunications intercontinentales à bas prix sont indispensables à la coordination, sur des échelles de temps très courtes (disons la journée, ou moins), entre unités de production et lieux de commerce, entre clients et fournisseurs. Ces moyens informatiques sont tout aussi indispensables à la banque et à la finance, sans lesquelles il n'y a pas d'augmentation possible de la portée spatiale des organisations. En effet, s'étendre géographiquement en temps de paix implique des contrats de client à fournisseur, des prises de participation, des créations de filiales, voire des rachats d'entreprises, et tout cela passe à tout le moins par des opérations bancaires et souvent financières. Si demain matin l'informatique disparaissait, une bonne partie de la mondialisation – et donc des flux industriels et de transport associés – disparaîtrait avec !

Rappelons que l'informatique et les télécommunications n'ont été possibles que grâce à une énergie disponible en masse, d'abord pour dégager du temps de recherche et développement non consacré aux tâches immédiatement productives, ensuite pour produire les constituants des réseaux et les terminaux que nous utilisons, et enfin les faire fonctionner. Fabriquer un ordinateur, c'est utiliser 2 000 à 10 000 kWh d'énergie, soit l'équivalent de 200 à 1 000 litres de fioul ! Encore une illusion qui se perd : l'utilisation de ces moyens « dématérialisés » que sont l'informatique et les télécommunications n'évite en général aucune pression matérielle sur l'environnement. Internet, pour prendre un exemple, sert d'abord à vendre plus de transports, directement (les premiers sites marchands sont des sites de vente de billets de train ou d'avion) ou indirectement (eBay ou Amazon sont des créateurs de flux de transport, et cela est vrai pour à peu près tous les sites marchands). La « socialisation » permise par Internet joue aussi un rôle : rencontrer « pour de vrai » des personnes avec qui les échanges commencent sur Internet a toutes les chances de nous emmener plus loin que dans notre rue, ce qui utilisera du pétrole ! Internet sert enfin à vendre plus de biens, sur le même principe que la grande distribution : baisser les prix pour augmenter les volumes. Cela n'est en rien une manière d'économiser l'environnement ou l'énergie…

Ce changement dans les échelles de temps et d'espace a aussi radicalement modifié notre système d'enseignement et de santé. Ici encore, cette modification s'est produite à peu près de la même manière dans tous les pays industrialisés du monde. Une journée d'hospitalisation en service de réanimation, accessible à tout citoyen occidental, « coûte » de 500 à 5 000 kWh d'énergie (l'essentiel étant contenu dans les biens et services utilisés par l'hôpital). Elle n'est en outre possible que grâce à l'utilisation en France de métaux et de produits chimiques extraits dans de lointaines contrées, de gaz russe ou de pétrole norvégien pour chauffer le bâtiment, laver les draps (les détergents sont issus de la pétrochimie) ou faire le plastique des cathéters, et il faut encore compter avec les « terres rares[1] » chinoises des IRM ou des scanners… Les textiles jetables des chirurgiens sont issus de champs de coton pakistanais, les circuits électriques des bâtiments, de mines de cuivre chiliennes puis d'usines d'assemblage indonésiennes, les

---

1. Il s'agit d'éléments chimiques rares… et chers.

mémoires des appareils de diagnostic, de silicium taïwanais… La poursuite de cette énumération montrera facilement que notre appareil de soins est, comme toutes les autres activités occidentales, dépendant de ressources puisées aux quatre coins de la planète, puis transformées et acheminées avec force énergie fossile. L'énergie abondante permet encore de produire les vaccins en masse dans une seule ville pour immuniser l'ensemble de la population française, grâce à des camions (marchant au pétrole) et des centres de vaccination chauffés, d'évacuer des agglomérations les ordures, déjections et cadavres qui autrefois servaient volontiers de repaire à des petits microbes peu sympathiques, d'acheminer de l'eau saine… Tout cela a eu quelque effet sur l'âge moyen du décès, improprement qualifié d'« espérance de vie[1] », et sur le nombre d'années de vie en bonne santé.

Cette abondance de soins n'est évidemment possible, aussi, que par l'existence d'un grand nombre de médecins et d'auxiliaires formés grâce à la productivité du travail qui les a éloignés des champs et des établis (mais nourris, logés et habillés quand même !) pendant leurs longues années d'études.

Si nous prenons les choses d'un point de vue macroscopique, un calcul d'ordre de grandeur indique que la dépense médicale représente au moins 5 % des émissions de gaz à effet de serre de la consommation finale d'un Français. Et, si nous juxtaposons ce constat avec le fait que la consommation médicale se concentre pour l'essentiel sur une faible fraction de la population (personnes en fin de vie, en maladie longue durée ou avec un handicap lourd), nous voyons que l'idée assurément sympa-

---

1. L'espérance de vie est une notion mathématique donnant l'âge le plus probable du décès d'une personne naissant aujourd'hui. Mais, en fait, ce n'est pas cela qui est calculé quand ce terme est utilisé : c'est l'âge moyen constaté du décès aujourd'hui ! Personne n'est en effet capable de deviner ce que seront dans soixante-dix ans les divers paramètres qui gouvernent notre longévité (alimentation, climat, énergie, stabilité politique…).

thique qu'une société doit prendre soin de ses citoyens les plus faibles a une contrepartie très significative en termes d'énergie et d'émissions. Les bons sentiments sans kilowattheures risquent d'être un peu plus difficiles à mettre en œuvre ! Du reste, le dénuement a toujours poussé à l'absence de pitié, sentiment pouvant être considéré comme un luxe de nanti, qui peut donner sans se retrouver dépossédé lui-même.

Même l'évolution du régime carcéral peut se lire à la lumière de l'abondance énergétique ! Entretenir une population en prison, c'est utiliser de la nourriture, des ressources et de l'énergie pour le bénéfice d'improductifs mis au ban de la société. Jusqu'à une époque somme toute assez récente, on ne s'encombrait pas de nourrir ces bouches-là : le sort commun du délinquant était la mort (pendaison, décapitation, bûcher...) dans des délais assez rapides. Cette cruauté vue de notre bout de la lorgnette était en fait une réponse logique dans un univers à la productivité limitée : déposséder un peu les « honnêtes gens » pour nourrir et loger ceux qui avaient fauté aurait demandé une bonté d'âme trop difficile à trouver. Du coup, pour l'essentiel des civilisations préindustrielles, seuls subsistaient les prisonniers qui continuaient à participer à la production : esclaves (qui produisaient du travail), galériens (qui produisaient du mouvement), travailleurs forcés, etc. Il est évident que, en univers énergétiquement contraint, ces mauvais souvenirs risquent de redevenir d'actualité.

## *Millions d'euros ou mégajoules ?*

À l'échelle de quelques siècles, la « lecture énergétique » du monde rend donc logiques la fin de l'esclavage, la désertification des campagnes européennes et américaines, la mondialisation, l'étalement urbain et le pavillon pour tous, les mégapoles cosmopolites, la grande distribution, l'apparition puis la hausse de la durée des congés payés, l'informatique pour tous, les voyages des retraités à travers le monde, la baisse du temps de travail et les forfaits pour portable à 20 euros par mois. Les gains de productivité et la diffusion des techniques ne sont pas la cause, mais bien la conséquence d'une augmentation de la consommation d'énergie permise par son exploitation à rendement croissant.

Et l'économie dans tout ça ? Pourquoi donc apprendre que la production dépend du travail et du capital, sans qu'il y soit jamais question d'énergie, si c'est l'énergie qui commande tout ? La convention monétaire, puisque c'est d'elle qu'il s'agit (et je confesse humblement l'avoir longtemps considérée comme très pertinente), nous a fait confondre l'importance physique des flux (pour laquelle l'énergie est la meilleure unité de mesure) et la quantité de travail humain qu'il faut investir pour avoir le flux en question. Si la seule énergie que nous avons à notre disposition est celle de nos muscles, ce qui a longtemps été le cas, cette convention est bonne : pas d'hommes, pas d'énergie ! Et en pareil cas, à supposer que le prix de tout travail soit le même, la valeur monétaire d'une transformation correspond à la valeur énergétique du travail humain qui permet d'obtenir cette transformation. Mais, aujourd'hui, l'énergie mise en œuvre par les machines domine largement l'énergie humaine, et cette convention selon laquelle on jauge de l'importance de l'énergie à sa place dans le PIB n'a plus aucun sens, parce que 100 % du PIB occidental sont peu ou prou asservis à l'approvisionnement énergétique moderne, qui n'est pourtant incarné que dans quelques pour cents du PIB en question.

Si demain nous n'avions plus ni pétrole, ni gaz, ni charbon, ce n'est pas 4 % du PIB que nous perdrions, mais près de 99 % ! Fin des matériaux « modernes » en quantité (métaux, plastiques, ciment), de l'électricité dans l'essentiel des pays du monde, et donc des usines, des pompes, de l'éclairage, de la chaîne du froid, des banques, des transports, des tracteurs, des magasins, des hôpitaux, et même des voitures de police et de gendarmerie. Bref, on peut légitimement plaider que le PIB est intimement asservi à l'énergie disponible.

Cet asservissement rend illusoires les raisonnements en proportionnalité, pourtant utilisés partout pour expliquer que l'énergie n'est qu'un composant parmi d'autres de l'économie, et nous allons l'illustrer par un exemple simple. L'énergie musculaire d'une personne qui actionne l'aiguillage permettant de faire passer un train sur la bonne voie est de l'ordre de quelques milliers de joules[1] tout au plus. Le train de marchandises de 1 000 tonnes qui va passer sur l'aiguillage à 100 km/h a une énergie cinétique de 400 millions de joules environ, soit 100 000 fois plus. L'énergie qui permet de déplacer la manette de l'aiguillage vaut donc 0,001 % de l'énergie du train. Si chaque joule vaut la même chose, le prix de l'énergie de l'aiguillage est donc ridicule devant celui de l'énergie du train. Maintenant, supposons que nous concevions un aiguillage nécessitant non plus 1 000 mais 1 000 000 joules pour être actionné. Pas grave, dira l'économiste : cela augmente de 0,25 % seulement le prix total de l'affaire. Mais en fait, l'opérateur ne pouvant plus actionner cet aiguillage auquel le train est asservi, le résultat sera une catastrophe ferroviaire, dont le coût excédera certainement 0,25 % du total !

Cet exemple est parfaitement représentatif de ce qui se passe dans notre monde moderne : l'énergie consommée dans un secteur industriel donné ne représente peut-être que 10 % de ses coûts, mais elle pilote 100 % de sa production ! C'est la raison pour laquelle une vision « purement PIB » de l'énergie ne peut pas rendre compte des processus qui apparaissent en cas de tension physique sur l'approvisionnement énergétique. Si le coût de l'énergie est de 3 % de notre PIB, alors ce n'est pas grave si ce coût augmente de 30 %, dira l'économiste : il suffit d'avoir un point de croissance supplémentaire pour résoudre le problème !

---

1. Le joule est l'unité d'énergie en physique.

Mais, si cette hausse est synonyme d'une baisse de la quantité disponible (car à ce moment l'offre baisse et donc les prix montent, suivant une vieille règle de marché), alors tous les flux physiques pilotés par l'énergie vont baisser d'autant, et notre cher PIB ne pourra pas croître alors qu'il « aurait dû ». En outre, l'irruption de la finance dans le système peut décaler dans le temps la matérialisation des pertes économiques liées à une baisse de la production physique, de sorte que la récession (au sens du PIB) peut se produire « en masse » à l'occasion du dernier accroc dans le système, comme cela est arrivé en 2008. Cette année-là, nous avons commencé à « payer cash » une partie des trois décennies précédentes d'augmentation de l'endettement des ménages et des entreprises, qui a permis de masquer sur le plan économique le ralentissement de la production physique par personne qui a commencé dès 1974, à la fin des Trente Glorieuses.

Dans ce contexte, comment va s'écrire l'histoire économique quand l'approvisionnement en combustibles fossiles va devenir contraint, par le fruit de notre volonté ou par le fait des limites de la planète ? Même s'il est peu plaisant aux yeux de beaucoup, le raisonnement le plus intuitif consiste à penser qu'une grande partie des évolutions que nous avons décrites jusqu'à maintenant vont s'inverser, dans des proportions qui restent difficiles à évaluer.

Il est tentant de penser que, dans un contexte de récessions à répétition, les unités de production devraient globalement devenir plus petites et s'approvisionner sur des zones géographiques plus restreintes. Elles devraient en revanche prendre en charge un nombre plus important d'étapes de transformation, pour limiter les échanges physiques, et pour desservir des populations plus locales en produits finis, et non envoyer des produits semi-finis ou des composants à l'autre bout du pays, voire de la planète, avant qu'un flux tout aussi massif en sens inverse ne permette au produit en question d'atterrir sur un rayon d'hypermarché. On peut aussi penser que les produits vont perdre en sophistication et en fonctionnalités techniques, pour devenir plus facilement réparables, moins souvent et moins rapidement obsolètes (l'obsolescence étant d'autant plus rapide que les produits sont plus techniques, cela n'aura échappé à personne).

La diminution de la taille des unités de production irait alors de pair avec la montée en compétence des salariés, puisque dans une petite entreprise les emplois nécessitent plus de polyvalence, ce qui s'accompagne d'une hausse du coût salarial toutes choses égales par ailleurs. La boucle est bouclée : la production coûtera plus cher, et notre pouvoir d'achat matériel baissera.

## *Le crépuscule des banlieues*

Il en va de même pour l'occupation du territoire, l'efficacité maximale en univers énergétiquement contraint allant à de petites unités urbaines (qui gèrent les échanges), bien réparties sur le territoire et insérées au milieu d'un tissu rural repeuplé, parce que c'est là que se trouvent les ressources naturelles restantes (sols, photosynthèse, bois, roches, chutes d'eau, vent, reliefs exploitables, minerais résiduels, etc.).

En théorie, tout cela est bel et bon. En pratique, les organisations que nous avons bâties sont bien incapables de revenir demain matin à des rayons d'influence de quelques dizaines de kilomètres, au lieu de quelques milliers de kilomètres comme c'est le cas aujourd'hui dans les pays industrialisés. La reconversion des emplois est aussi plus simple à dire qu'à faire : même avec des trésors de pédagogie, les employés de bureau ne seront pas toujours d'accord pour remplacer rapidement leur ordinateur par une trayeuse à chèvres, un ciseau de charpentier ou un établi d'artisan métallier. Les habitants des pavillons de banlieue – ou même de mégapoles en zone dense – risquent de se faire un peu tirer l'oreille pour déménager demain matin dans un village dense ou au milieu de la campagne, surtout si personne ne doit prendre leur suite dans leur ancien logement, situé dans un tissu urbain né de l'abondance énergétique et qui n'a plus de raison d'être en univers contraint.

Cette réflexion en amène une autre : si les emplois de demain sont géographiquement hors de portée des occupants actuels de la banlieue, qui doit supporter le coût de la dévalorisation du patrimoine foncier que cela entraîne ? Car dire que les logements d'aujourd'hui ne sont pas situés là où seront les emplois de demain, c'est dire que la valorisation relative de ces logements doit baisser : qui voudra acheter au prix « d'avant » un logement qui ne correspondra à aucun emploi disponible dans les alentours et avec des transports moins rapides ? En outre, une fois que les emplois disparaissent, les services « nourris » par ces emplois disparaissent aussi (écoles, commerces, établissements de soins), et un processus de dévalorisation en cascade s'empare de tous les actifs immobiliers du territoire, chaque nouvelle dévalorisation en amenant une autre, à l'inverse du processus qui avait lieu du temps de l'abondance énergétique, avec des valorisations s'alimentant les unes les autres.

Une fois ce constat effectué, vient une question économique cruciale : si les banlieues actuelles perdent leur utilité économique, qui devra payer le coût de leur indispensable désurbanisation ? Les occupants actuels, qui n'avaient qu'à pas y aller ? La collectivité, c'est-à-dire vous et moi, qui devra alors payer cash une déconstruction non suivie d'une reconstruction sur place, ce qui sera à l'évidence une manière parfaitement explicite de faire payer à tous les « intérêts de retard » de notre mode de vie actuel non durable ? Ce mécanisme de paupérisation rapide des occupants des banlieues sous l'effet des coups de boutoir de la contraction énergétique n'est pas qu'une vue de l'esprit : c'est à peu de chose près le mécanisme à l'œuvre aux États-Unis après la crise des subprimes.

Attardons-nous un peu sur ce cas d'école. Le premier processus qui a permis à cette crise de se développer a été un accès rapide à l'immobilier de banlieue (là où il n'est pas cher) de ménages plutôt dans le bas de la fourchette des revenus et occupant des emplois urbains, donc essentiellement tertiaires. Ne disposant pas d'un patrimoine de départ, ces primo-accédants se sont endettés ; dès les années 1980, ils ont été incités à le faire au-delà du raisonnable par deux mécanismes mortels.

Le premier est la titrisation, qui permet à une banque de ne pas conserver pour elle les risques normalement couverts par ses fonds propres quand elle accorde un crédit (le risque est transmis à des épargnants, mais de manière trop peu transparente pour qu'ils comprennent ce qu'ils achètent). Le second est la recharge hypothécaire, qui permet au propriétaire d'un logement d'obtenir un prêt – quel que soit le motif du prêt – jusqu'à concurrence de la valeur du logement possédé, sans conditions sur ses revenus futurs. En période de hausse des prix de l'immobilier, cela pousse les ménages à emprunter sans se soucier de leur capacité future de remboursement et, ce qui est plus étonnant, sans que les prêteurs ne s'en soucient non plus ! Cette logique de prêter jusqu'à concurrence de la valeur du gage sans trop se soucier des revenus futurs est typique des pays anglo-saxons (États-Unis et Grande-Bretagne), les pays latins ayant généralement une approche essentiellement basée sur les revenus futurs : peu importe ce que vaut le bien que vous possédez, ce sont vos revenus futurs qui déterminent votre capacité d'emprunt – pour faire simple.

Le deuxième étage de la fusée, c'est la fin de la croissance de la production de pétrole survenue à partir de 2005, ce qui a freiné la machine économique et commencé à faire baisser le PIB américain par personne début 2008 (avant la chute de Lehman Brothers). Ce facteur – et ses conséquences diverses – a mis une partie des emprunteurs au chômage et fait baisser les revenus d'une partie des autres. L'effet global a été de rendre nombre de ménages incapables de faire face aux mensualités d'emprunt.

Puis est arrivé le troisième étage de la fusée : les banques ont commencé à saisir en masse les logements des débiteurs insolvables, mais se sont retrouvées avec des biens dévalorisés : qui veut acheter des logements situés dans des zones où il n'y a plus assez d'emploi et donc d'acheteurs solvables ? Le marché immobilier est donc devenu baissier, et les effets se sont amplifiés dans le sens de la baisse exactement comme ils s'étaient amplifiés dans le sens de la hausse. Au passage, les banques se sont retrouvées en quasi-faillite, et début 2011 la planche à billets américaine tourne encore à plein régime pour éponger les conséquences des dettes non remboursées des emprunteurs insolvables. Puis les conséquences des turpitudes des banquiers et des consommateurs américains se sont propagées au reste du monde, en conduisant notamment au bord de la faillite les États d'Europe du Sud. Ces derniers, partis dans la « course à la croissance » à une époque où l'approvisionnement en énergie fossile par personne était déjà contraint, se sont endettés rapidement, tant au niveau des États que des acteurs privés, et se retrouvent aujourd'hui dans des situations fragiles.

Au vu des processus qui ont conduit à l'apparition des banlieues, il est tentant de conclure que, dans un monde sous contrainte énergétique, elles souffriront plus qu'ailleurs des pertes de patrimoine. Si tel est bien le sens de l'histoire, il est temps de se demander comment la collectivité prendra en charge les quelques centaines de milliards d'euros (rien qu'en France) qui sont en jeu. Plusieurs options sont ouvertes, mais la plus simple est probablement de constituer un fonds qui rachète les logements, au moment des mutations, pour les détruire et remettre autre chose à la place, comme par exemple de l'agriculture maraîchère périurbaine. Inconcevable ? Voire…

Ce qui serait inconcevable, en fait, serait de penser que nous pouvons rendre stable un monde dont la totalité des mécanismes de régulation et de redistribution reposent sur un approvisionnement énergétique croissant. Le parallèle avec le cycliste qui doit rester en mouvement pour ne pas chuter n'est même pas le bon : le vélo de la fable, ici, aurait besoin d'accélérer en permanence pour rester debout, tout en voyant un mur apparaître devant lui !

## Cassandre, à la niche !

Mais, objectera le lecteur, notre espèce a déjà franchi avec succès nombre de transitions massives dans le passé : nous sommes passés du silex au métal, du bois au charbon, puis du charbon au pétrole, et rien de tout cela ne nous a franchement porté tort, au contraire. Alors oui, le pétrole va aller en déclinant, et le gaz peu après. Et alors ? Alors, toutes ces transitions passées ont soit été causées par, soit ont bénéficié d'une diminution forte du coût réel de l'énergie. Elles n'ont pas été provoquées par une insuffisance de ressources, mais par la découverte dans un environnement encore immense de ressources possédant un mérite supérieur, accessibles pour la même quantité de travail humain. Nous avons abandonné les pierres pour le bronze sans manquer de pierres, abandonné le bronze pour le fer sans manquer de bronze, abandonné (en part relative) le bois pour le charbon alors qu'il restait des forêts, etc.

La transition énergétique que nous nous apprêtons à vivre n'a plus cette caractéristique. Nous allons devoir gérer le passage d'une énergie facile d'emploi à des substituts un peu ou beaucoup plus malcommodes à utiliser. Rappelons-nous que, historiquement, ce sont les énergies fossiles qui ont supplanté les renouvelables, non l'inverse ! De ce fait, avec quelques milliards d'humains sur Terre, la décroissance du prix réel de l'énergie qui a marqué la civilisation industrielle depuis ses origines va probablement céder le pas à une croissance structurelle de ce prix, prenant en défaut par là même à peu près tous les réflexes économiques que nous avons acquis en un siècle et demi. Voilà une partie qui s'annonce passionnante... ou terrible, selon l'envie que nous aurons de nous battre et la qualité de l'offre politique dont nous réussirons à disposer – vite – pour gérer le problème.

*Chapitre III*

## CHARYBDE PÉTROLE OU SCYLLA CLIMAT ?

La conférence de Copenhague a-t-elle été un échec, comme tant de commentateurs se sont plu à le dire ? Pendant l'année 2010, il est clair que les affaires climatiques ont été un peu moins présentes sur les écrans radar qu'en 2009. Pourtant, la préoccupation n'a pas disparu : en pleine crise économique, l'opinion publique de bon nombre de pays classe toujours le risque de changement climatique parmi les problèmes planétaires majeurs, et cela est deux fois plus vrai en Chine qu'en France. En revanche, le feu sacré de nos élus n'est plus à son niveau antérieur : c'est une évidence.

Copenhague a cependant produit un « accord » – avalisé par les chefs d'État de toutes les puissances mondiales, entériné à Cancún – dont personne ne réalise à quel point il est ambitieux au regard des tendances actuelles : il indique explicitement que l'objectif des nations est de limiter l'élévation de température planétaire à 2 °C par rapport à la situation préindustrielle.

*Pour une poignée de degrés de plus...*

Deux degrés, diront les spécialistes de la chose, c'est déjà pas mal. En effet, la transition qui a mené la planète du dernier maximum glaciaire, il y a vingt mille ans, au début de l'ère

« chaude » actuelle, il y a dix mille ans, ne correspond « que » à 5 °C d'élévation de la moyenne planétaire. Au regard de cette donnée historique, qui doit nous alerter sur le fait que l'action massive reste urgente pour éviter un chaos qui démarrerait au plus tard durant la seconde moitié du siècle, accepter 2 °C de hausse peut sembler déjà bien imprudent. Mais, que cela nous plaise ou non, nous avons désormais un passif qu'il va de toute façon falloir payer. Avant que la machine à vapeur ne provoque la frénésie qui s'est emparée de nous, la concentration atmosphérique en $CO_2$ (dite préindustrielle, soit celle de 1750) était de 280 parties par million (ppm), et cette valeur était encore à peu près la même un siècle plus tard. En 2010, la concentration atmosphérique de $CO_2$ a atteint 390 ppm, c'est-à-dire 40 % de plus, et même 10 % de plus qu'en 1990, année de référence du protocole de Kyoto. Pour en arriver là, nous avons émis environ 2 000 milliards de tonnes de $CO_2$ depuis 1750, et environ 1 900 depuis 1860.

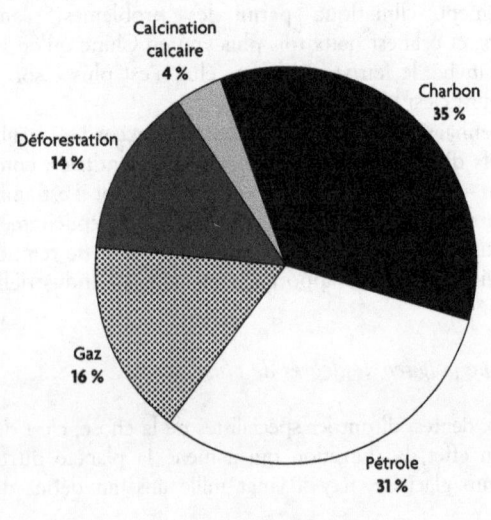

Calcination calcaire 4 %

Charbon 35 %

Déforestation 14 %

Gaz 16 %

Pétrole 31 %

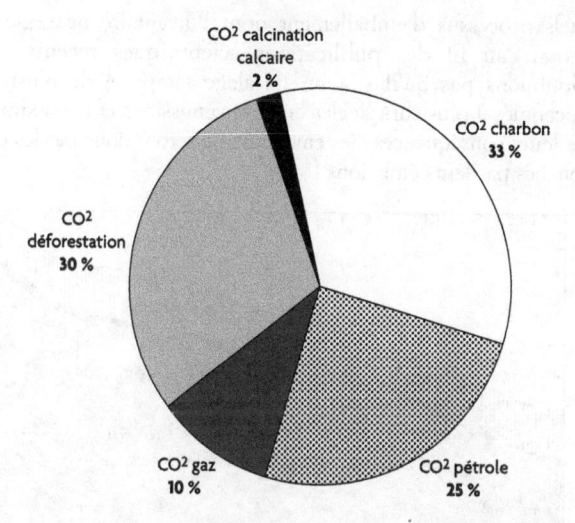

*Répartition des émissions planétaires de $CO_2$ de l'année 2009 (à gauche) et des émissions cumulées depuis 1860 (ci-dessus). Calculs de l'auteur sur données Shilling et al., 1977 (énergie de 1860 à 1965), BP Statistical Review 2010 (énergie de 1965 à 2009), CDIAC 2010, http://cdiac.ornl.gov/trends/emis/tre_glob.html (calcination du calcaire depuis 1860), Houghton Wood Hole Centre, http://cdiac.ornl.gov/trends 2006 (déforestation depuis 1860).*

Les simulations effectuées sur les modèles de climat nous enseignent que, pour avoir une bonne chance de rester sous 2 °C d'élévation de température planétaire, il ne faut pas que la concentration atmosphérique de $CO_2$ dépasse de beaucoup 400 ppm. Seulement 10 petites parties par millions en plus, et nous commençons à jouer avec le feu, ou plus exactement nous forcerons nos descendants immédiats à le faire. En atteignant 500 ppm de $CO_2$ nous risquons 4 °C d'élévation, et à 650 nous risquons plus de 5 °C, sans tenir compte des éventuels processus d'emballement dont l'inventaire ne cesse de grossir au fil des publications scientifiques récentes. Et n'oublions pas qu'il y a un décalage temporel de plusieurs décennies à plusieurs siècles entre les émissions et le maximum de leurs conséquences : les émetteurs ne seront donc pas les plus touchés par leurs émissions !

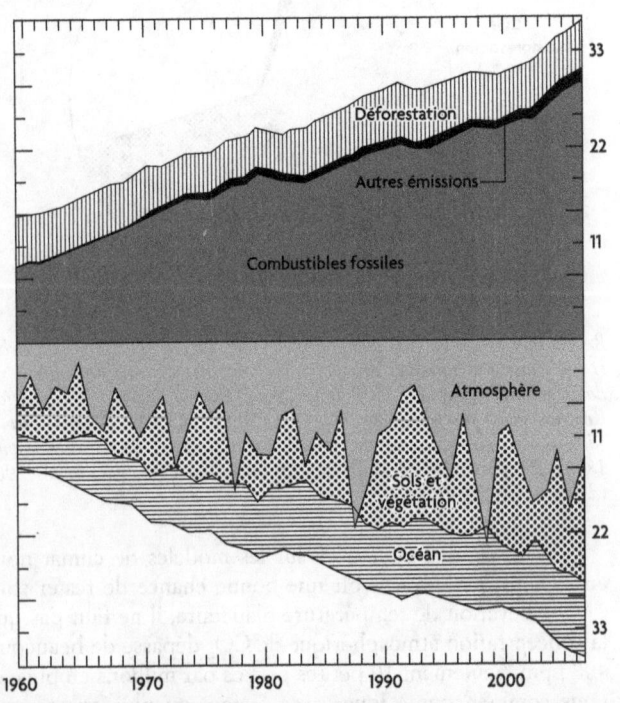

*Émissions de $CO_2$ (en milliards de tonnes) en fonction du temps (partie haute du graphique) et « destinations » de ce $CO_2$ émis, en fonction du temps (partie basse). Source : Canadell et al., Proceedings of the National Academy of Science, 2007.*

Si nous en revenons au propos initial, l'accord de Copenhague dit implicitement que nous ne devons pas dépasser 400 ppm de $CO_2$ dans l'atmosphère. Nous sommes déjà à 390, et cette valeur a crû de 2 ppm par an depuis 2000. Comment faire ?

*Tu émets et je pompe*

Une des choses bien comprises depuis que ce fameux $CO_2$ est sous la loupe des scientifiques, c'est que ce gaz est trop inerte pour s'épurer rapidement de l'atmosphère par réaction chimique. Il n'existe en fait que deux processus d'évacuation du $CO_2$ une fois dans l'air : la dissolution dans l'eau des océans et la photosynthèse des plantes terrestres. Aujourd'hui, quand nous émettons une tonne de $CO_2$ dans l'atmosphère, un petit quart est repris par les océans, ce qui au passage acidifie ces derniers, et un gros quart par les écosystèmes terrestres, le reste contribuant à faire croître la concentration atmosphérique. Comme nos émissions actuelles de $CO_2$ sont de 40 milliards de tonnes par an environ, il est tentant de penser qu'il est acceptable que nos émissions reviennent sous 20 milliards de tonnes de $CO_2$ par an : l'océan en prendra 10, les écosystèmes, 10 aussi, et tout le monde pourra dormir tranquille.

Cette conclusion optimiste est hélas erronée. Tout d'abord, la proportion de 50 % des émissions qui quitte rapidement l'atmosphère (graphique ci-dessus) est le résultat d'un processus dynamique : l'océan conserve une capacité d'absorption constante en pourcentage – et donc croissante en valeur absolue – tant que la concentration atmosphérique en $CO_2$ augmente, car c'est la différence de pression partielle du $CO_2$ entre atmosphère et océan qui alimente l'absorption de ce dernier. En outre, une eau plus chaude absorbe moins bien le $CO_2$ : de ce fait, le réchauffement à venir (déjà certain pour partie en réponse aux émissions passées) va aussi affaiblir le puits océanique.

L'absorption des écosystèmes terrestres (« Sols et végétation ») croît, elle aussi, tant que la concentration atmosphérique en $CO_2$ augmente et que le climat ne s'est pas encore modifié de manière significative. Nous sommes alors dans les conditions dans lesquelles les plantes ont « plus à manger » (plus de $CO_2$ à photosynthétiser) tout en restant adaptées au climat existant, et donc poussent plus vite (et soustraient plus vite du $CO_2$ à l'atmosphère).

Mais tout cela ne perdure pas dans un monde où la concentration en $CO_2$ se stabilise : la différence de pression partielle entre océan et atmosphère diminue, et à la suite l'absorption de l'océan ; par ailleurs, l'eau se réchauffe, et le résultat d'ensemble est que le puits océanique ne reste pas à 10 milliards de tonnes de $CO_2$ par an, mais tombe en dessous. Il en va de même avec les écosystèmes continentaux : le réchauffement du climat va augmenter les émissions des sols, provoquées par l'activité microbienne de décomposition de l'humus, et affaiblir la photosynthèse dès qu'une fraction significative des écosystèmes installés vont commencer à se trouver dans des conditions climatiques trop éloignées de leurs conditions habituelles (nous ne sommes pas très loin de ce processus dans plusieurs bassins forestiers mondiaux).

En tenant compte de l'affaiblissement prévisible des puits naturels de $CO_2$ d'ici à 2100, on peut calculer, en ordre de grandeur, la quantité maximale de $CO_2$ que l'on peut émettre au cours du siècle pour rester sous les fameux 2 °C : environ 1 400 milliards de tonnes. Se pose alors une question inattendue pour les défenseurs du climat : avons-nous, ou non, le carbone fossile capable de produire cette quantité de $CO_2$ ? Les réserves prouvées de pétrole s'élèvent aujourd'hui à 180 milliards de tonnes selon *BP Statistical Review*, et leur combustion complète produirait environ 550 milliards de tonnes de $CO_2$. Les réserves prouvées de gaz, elles, s'élèvent à 170 milliards de tonnes équivalent pétrole, et leur combustion complète produirait environ 400 milliards de tonnes de $CO_2$. Enfin, pour le charbon, les réserves prouvées sont de l'ordre de 450 milliards de tonnes équivalent pétrole, permettant potentiellement à 1 700 milliards de tonnes de $CO_2$ d'aller enrichir l'atmosphère. Si, *pour le pétrole et le gaz seulement*, nous prenons non pas les réserves prouvées, mais la totalité de ce qui peut encore être extrait du sol (les « réserves ultimes restantes », dans le jargon pétrolier), alors nous avons au total 360 milliards de tonnes équivalent pétrole, pour environ 1 400 milliards de tonnes de $CO_2$ d'émissions potentielles.

## *Au charbon !*

Respecter l'accord de Copenhague est donc d'une simplicité biblique : nous avons à la rigueur « le droit » d'utiliser la totalité du pétrole et du gaz extractibles restants, mais il nous reste seulement quelques années pour éradiquer le charbon de la planète, ou à tout le moins celui qui n'est pas utilisé dans une usine avec capture puis séquestration du $CO_2$. Capturer et séquestrer le $CO_2$ signifie faire passer la fumée contenant le $CO_2$ dans un solvant qui dissout ce gaz (en fait l'adsorbe), lequel est ensuite récupéré, puis injecté dans une couche géologique souterraine (du sable, du grès, éventuellement du charbon) sous forme supercritique. Là, il va diffuser dans la couche et finir, si tout va bien, par former des carbonates solides qui resteront bien gentiment sous terre. En théorie, c'est très séduisant, mais, en pratique, ce procédé ne peut pas s'utiliser avec les brûleurs existants des centrales, signifie une baisse du rendement, demande un transport de $CO_2$ sur des distances de quelques centaines de kilomètres, et tout cela coûte de l'argent. Sans contrainte forte des États, comment équiper de ce genre de dispositif les 1 000 à 2 000 centrales à charbon mondiales, sans parler des cimenteries, aciéries et autres usines de matériaux de base qui, utilisant du charbon, sont aussi concernées ?

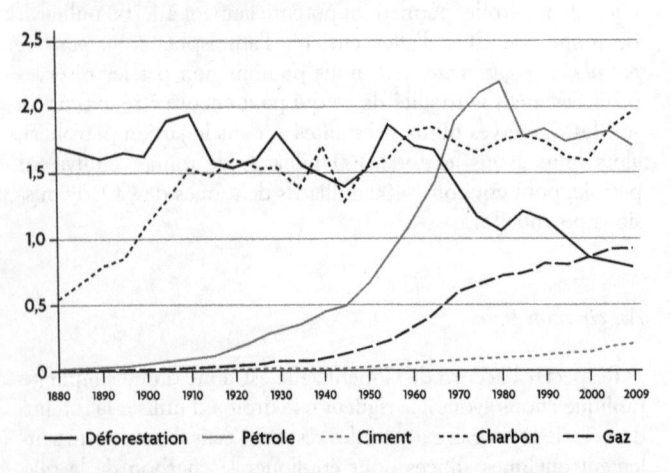

*Émissions de $CO_2$ par personne et par an en moyenne mondiale, depuis 1880. Calculs de l'auteur à partir des données de Shilling et al., 1977 (énergie jusqu'en 1965), BP Statistical Review 2010 (énergie après 1965), CDIAC 2010, http://cdiac.ornl.gov/trends/emis/tre_glob.html (calcination du calcaire depuis 1860), Houghton Wood Hole Centre, http://cdiac.ornl.gov/ trends 2006 (déforestation depuis 1860), Nations unies (population).*

Si la capture du $CO_2$ est un enjeu central, c'est parce que le charbon n'est nullement devenu marginal dans l'approvisionnement énergétique mondial. C'est au contraire la forme d'énergie qui a crû le plus vite entre 2000 et 2008 dans le monde : + 4 % par an en moyenne, contre 1 % pour le pétrole ! Sachant que les émissions par unité d'énergie du charbon sont 30 % plus élevées que celles du pétrole, il apparaît même que le charbon occupe désormais la première place des émissions mondiales par personne (graphique ci-dessus).

Il faut rappeler également que le charbon est une énergie qui sert aux deux tiers à la production électrique (l'acier représentant un petit quart du reste), et qui voyage très peu. Quarante pour cent de la production mondiale de pétrole sont consommés de manière domestique, ce pourcentage grimpe à 75 % pour le gaz et passe à 88 % pour le charbon (une large partie des échanges internationaux concernant le charbon à coke, qui ne sert pas à produire de l'électricité). En première approximation, renoncer au charbon revient donc à convaincre les pays qui en ont de ne pas s'en servir pour la production électrique, sauf mise en place d'un dispositif de capture et de séquestration du $CO_2$ produit. Simple !

Question : qui a du charbon ? Huit pays possèdent à eux seuls plus de 90 % des réserves mondiales, en agrégeant charbon et lignite (une forme de charbon avec moins de carbone et plus de cendres) : les États-Unis (27 % du total mondial), la Russie (17 %), la Chine (14 %), l'Australie (9 %), l'Inde (9 %), l'Afrique du Sud (5 %), le Kazakhstan (5 %) et l'Ukraine (4 %). Le reste du monde ne possède que 9 % du charbon planétaire (dont la Pologne 1 % et l'Allemagne 0,5 %). Comme le pétrole, le charbon est en fait une ressource très concentrée entre les mains de quelques pays, situés en quasi-totalité hors d'Europe.

Comme le charbon voyage très peu, c'est bien *chez eux* qu'il s'agit de convaincre les huit pays mentionnés ci-dessus de renoncer au charbon sous dix ans, sauf s'ils équipent pendant ce laps de temps la totalité de leurs centrales électriques de dispositifs de capture et de séquestration, quitte à démolir lesdites centrales pour les reconstruire. Ça coûte cher ? Tant mieux, cela fera augmenter le PIB ! Tout le problème, c'est que cela profitera à des acteurs qui ne sont pas nécessairement ceux qui dominent l'économie d'aujourd'hui.

Les pays qui ne font pas partie de la « bande des huit » seraient bien avisés d'avoir ces données en tête lors des négociations sur le climat. Et l'UE serait bien inspirée de forcer la cadence quant à la maîtrise de la capture et de la séquestration sur son propre sol : il s'agit rien moins que d'être les premiers prêts à servir un marché immense destiné à préserver un climat stable.

Mais le charbon ne représente que 35 % des émissions de $CO_2$, et le $CO_2$ n'est responsable que des trois quarts des émissions planétaires, remarquera le lecteur attentif. Pourquoi diantre se focaliser juste sur le charbon ? La raison est simple : pour les deux autres sources de $CO_2$ fossile, le potentiel de croissance est soit nul dès à présent (pour le pétrole), soit bientôt nul (pour le gaz). En d'autres termes, une politique de laisser-faire sur les combustibles fossiles permet aux émissions de $CO_2$ issues du charbon de croître encore significativement à l'avenir, alors que pour les émissions de $CO_2$ issues du pétrole la baisse est imminente, même sans volonté de restriction, et pour le gaz le plafonnement des émissions n'est probablement pas si lointain.

*Pic et pic...*

Ce point de vue vient partiellement contrarier celui qui domine depuis l'origine du débat sur le changement climatique. La vulgate classique stipule que si nous n'agissons pas, alors les émissions vont continuer de croître et embellir jusqu'à la nuit des temps. Ce présupposé se retrouve par exemple dans les scénarios d'émissions utilisés jusqu'à très récemment par les physiciens pour alimenter les modèles qui servent à simuler le climat futur. Ils partent tous de l'hypothèse que les émissions planétaires, en situation de « prolongation tendancielle », se situeront dans une fourchette entre stagnation et multiplication par 4 d'ici à 2100. Il n'a pas semblé pertinent d'imaginer que les émissions pourraient croître jusqu'en 2020, pour chuter ensuite, à cause des limites sur le pétrole et le gaz et des crises économiques à répétition qui en découleraient. Cet enchaînement a très bien fonctionné aux États-Unis : entre 2007 et 2009, les émissions de $CO_2$ de ce pays ont baissé de 10 %. Amis écologistes, il faut aimer les banquiers !

En fait, cette vision d'une croissance continue des émissions porte en elle-même sa propre contradiction. En effet, elle signifie par essence une « prospérité énergétique » qui, sur toute la durée du scénario (de cinquante à cent ans), ne s'est heurtée à aucune limite physique : ni crise de ressources, ni guerre, ni… changement climatique majeur qui empêcherait la poursuite de la croissance des émissions. Or des limites à notre expansion, nous allons en trouver dès à présent en ce qui concerne le pétrole, et bientôt pour le gaz. Il ne s'agit pas de la « fin du pétrole », expression médiatique qui n'a aucun sens, mais de la fin de la croissance de la production de pétrole, processus en cours, suivie de son déclin, d'ici cinq à quinze ans.

La base de cette prévision est une question de mathématiques et de géologie. Comme il faut 100 à 1 000 millions d'années pour produire du pétrole ou du gaz à partir du plancton (c'est le même processus qui conduit à la formation des deux), et de l'ordre de 300 millions d'années pour former du charbon à partir des fougères du carbonifère, nous pouvons considérer que les stocks de pétrole, de gaz et de charbon existants ont été donnés une fois pour toutes au début de la civilisation industrielle. Dès lors que le stock extractible possède une limite finie, il est facile d'admettre que nous ne pouvons ni extraire du pétrole en quantité indéfiniment croissante, ni même en quantité indéfiniment constante (cela signifierait que le stock extractible est infini). En fait, la seule possibilité que les mathématiques admettent en pareil cas, c'est que l'extraction annuelle de la ressource est nulle si on remonte suffisamment loin dans le temps (cela se vérifie facilement !), finira par devenir nulle si l'on va suffisamment loin dans l'avenir, et que, entre les deux, il y aura un maximum absolu, qui s'appelle souvent le « pic ».

Cette conclusion s'applique au pétrole, mais aussi au gaz, au charbon, et même à tout minerai métallique, puisque la dotation initiale a là aussi été déterminée une fois pour toutes. En pareil cas, les seuls objets de débat – mais quel débat ! – sont la date et le niveau du pic, et la cause qui nous le fera passer.

Le lien avec notre sujet est évident : si l'approvisionnement en combustibles fossiles doit plafonner, puis baisser parce que nous avons atteint des limites physiques, alors les émissions d'utilisation de ces combustibles baisseront aussi ! Et, de fait, nous avons là une réalité trop souvent ignorée des négociateurs du climat (à Copenhague, où votre serviteur est resté les quinze jours, cette ignorance était patente) : la sanction en cas de laisser-faire, ce ne sont pas des émissions qui augmentent indéfiniment, mais le passage du pic des émissions parce que nous subissons une contrainte suffisante, à tout le moins pour des raisons géologiques si aucune autre force limitative ne s'applique. Car nous pouvons imaginer bien d'autres raisons d'avoir un pic sans contraintes géologiques majeures, en particulier tout ce qui pourrait engendrer un déclin rapide et irréversible du nombre de consommateurs : une guerre mondiale, une épidémie massive... Une autre option – évidemment préférable – serait que notre sagesse nous conduise à laisser sous terre une partie de ce que Dame Nature y a mis. Dans tous les cas de figure, pour le climat, la *seule question* est de savoir si ce pic sera atteint avant ou après le moment où il faudrait commencer à baisser nos émissions pour éviter un « chaos climatique » ultérieur. Rappelons à ce propos qu'il y a un décalage de quelques décennies à quelques siècles entre le maximum des émissions et le maximum des conséquences : en ce qui concerne la quantité de gaz à effet de serre dans l'atmosphère, il est parfaitement possible de passer le point de non-retour sans s'en rendre compte tout de suite, et nous n'en sommes probablement pas loin.

Pour tenter d'identifier où sont nos marges de manœuvre, il faut en revenir à ce qui occasionne nos émissions. C'est l'objet du graphique ci-dessous.

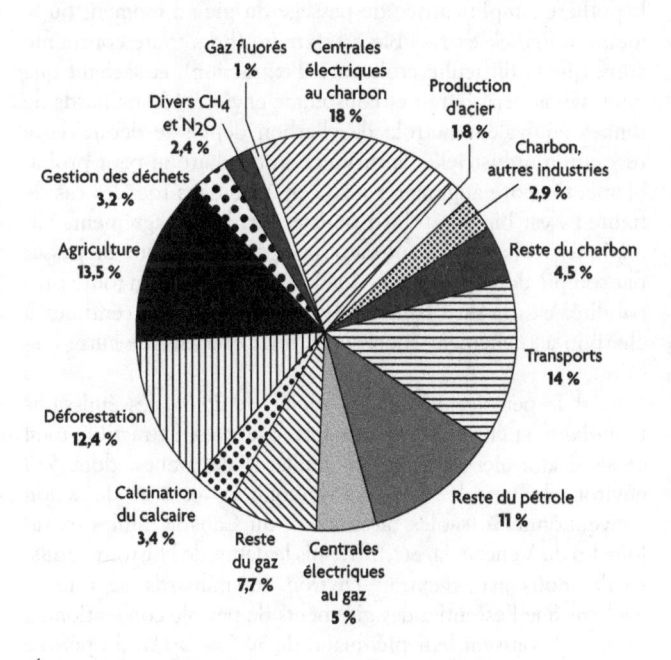

*Émissions mondiales de gaz à effet de serre discriminées par usage. Sources : calculs de l'auteur à partir des données de BP Statistical Review 2010 (combustibles fossiles), CDIAC 2010, http://cdiac.ornl.gov/trends/emis/tre_glob.html (calcination du calcaire), Houghton Wood Hole Centre 2006, http://cdiac.ornl.gov/trends (déforestation), Summary for Policymakers, AR 4, International Panel on Climate Change, www.ipcc.ch (autres postes).*

Le charbon, dont nous avons largement parlé plus haut, concerne donc 27 % des émissions humaines de gaz à effet de serre. Et après ? Le charbon extractible restant fait l'objet d'évaluations diverses, dont la fourchette – large – se situe entre 500 et 3 000 milliards de tonnes équivalent pétrole. Avec une hypothèse simplificatrice de passage du pic au moment où la moitié du stock extractible est extraite (hors toute contrainte autre que la difficulté croissante d'extraction), et sachant que nous avons déjà extrait et consommé environ 160 milliards de tonnes équivalent pétrole de charbon depuis le début de la révolution industrielle, la production de charbon peut probablement encore augmenter jusqu'en 2050 dans tous les cas de figure : c'est bien trop tard pour éviter des désagréments climatiques majeurs. Cela ne va pas empêcher la Chine de passer par son pic domestique vers 2040 au plus tard, selon toute probabilité, c'est-à-dire bien avant la fin de vie des centrales à charbon actuellement construites, mais cela est une autre histoire…

Pour le pétrole, qui est à l'origine de 25 % des émissions mondiales, la chanson est tout autre : le stock extractible total se situe aux alentours de 480 milliards de tonnes, dont 380 environ de pétrole dit « conventionnel » et 100 de « non conventionnel » (sables bitumineux du Canada, huiles extra-lourdes du Venezuela, etc.). Depuis le début de l'histoire industrielle, nous avons extrait environ 160 milliards de tonnes. Sachant que l'essentiel des gisements de pétrole conventionnel du monde passent leur pic quand de 30 % à 50 % du pétrole ont été extraits, une extrapolation au monde dans son ensemble indique que… nous avons atteint le pic. Le pétrole non conventionnel, cinq à dix fois plus cher à extraire que le pétrole conventionnel, et demandant plus d'énergie d'extraction par baril extrait, ne permettra pas de compenser le déclin de ce dernier.

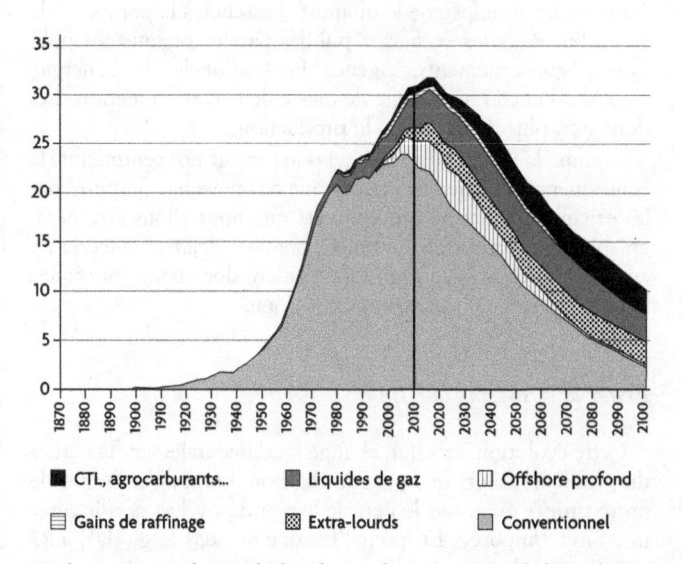

*Production passée de pétrole dans le monde, et projection de la production future, discriminée par type de pétrole, avec 2 300 milliards de barils de réserves ultimes en conventionnel (offshore inclus) et 1 500 en non conventionnel. Les « liquides de gaz » désignent le butane, le propane et le pentane qui se trouvent dans le gaz naturel et qui sont ensuite considérés comme des « liquides », comme le pétrole. L'ensemble culmine entre 2010 et 2020, et pour le seul pétrole conventionnel le pic serait derrière nous. Source : gouvernement australien, 2009.*

Que le maximum absolu soit en 2008, 2010, 2015 ou 2020, le pronostic « central » est que la production mondiale de pétrole va suivre une espèce de plateau de production pendant encore cinq à quinze ans avant un déclin marqué. Cette limite à la production n'est évidemment pas du goût du consommateur, qui envoie volontiers à son élu le message qu'il ne veut rien entendre sur la limite anticipée de la quantité d'essence à la pompe. Cela se traduit dans les scénarios publiés par les organismes politiques (gouvernements, Agence internationale de l'énergie, etc.), dont aucun n'envisage de baisse de la consommation... et donc non plus de baisse de la production !

Comme la physique prend hélas le pas sur nos sentiments, la conséquence pratique de cette forme de mensonge perpétré par les organismes dits de prévision est que nous allons être désagréablement surpris (en fait nous le sommes déjà), et que cela va, entre autres choses, contrarier la manière dont nous concevons la lutte contre le changement climatique.

## Éviter la crise dans la crise ?

Cette évolution, en effet, change fondamentalement la nature du problème : alors que pour le charbon il faut nous limiter de notre propre gré, pour le pétrole le monde va déjà devoir gérer une rareté imposée. Et, pour l'Europe au sens large (UE à 27 et Norvège), la baisse obligatoire est déjà en cours. Pour commencer, la production domestique de pétrole de cet ensemble géopolitique (venant essentiellement de la mer du Nord) est passée par son maximum historique en 2000, et décline depuis de 5 % à 8 % par an. Mais si nous ne produisons pas assez chez nous, nous pouvons importer, non ? Hélas, les importations européennes sont aussi parties à la baisse depuis 2005, ce qui est logique dans le contexte évoqué plus haut. En effet, depuis 2005, la production mondiale de pétrole est quasi stable. Comme les pays exportateurs de pétrole ont eux aussi des automobilistes, qui sont servis en premier, ils conservent une part croissante de leur propre production. Du coup, le volume destiné à l'exportation décroît, et les pays importateurs – dont l'Europe – sont de moins en moins approvisionnés. De plus, avec la vitesse à laquelle le parc automobile chinois augmente, les importations sont de plus en plus en compétition les-uns avec les autres. Pour l'Europe au sens large, l'addition d'une production domestique en baisse à des importations de pétrole en baisse (et qui vont continuer à baisser) donne un approvisionnement pétrolier... en baisse !

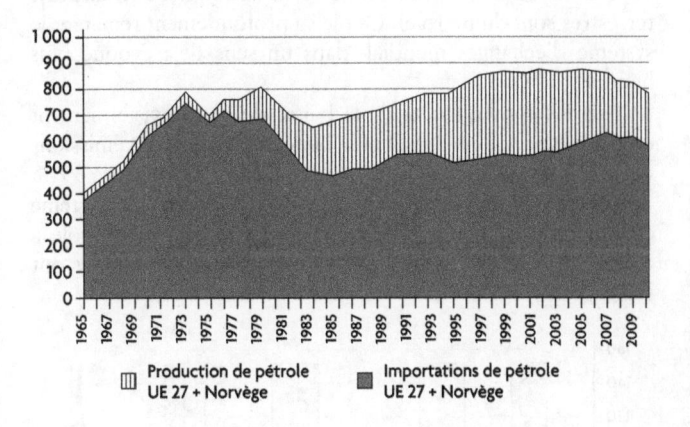

*Production domestique et importations de pétrole de l'ensemble UE 27 et Norvège, en millions de tonnes de pétrole, depuis 1965. Le total baisse depuis 2002 environ et c'est parti pour s'amplifier ! Source : BP Statistical Review, 2010.*

Le malheur des uns peut faire le bonheur des autres : la baisse de l'approvisionnement pétrolier de la France a logiquement conduit à une baisse des émissions de $CO_2$ des transports (moins de pétrole en entrée = moins d'émissions de $CO_2$ en sortie, c'est imparable), qui a été mise pour partie au crédit d'une politique environnementale pertinente. Hélas, la baisse des émissions des transports en France, depuis 2004, doit de manière secondaire aux initiatives de notre ministère de l'Écologie, et avant tout à ce qui vient d'être décrit ci-dessus. Économiquement, cette baisse s'est bien sûr matérialisée par une hausse des prix : ces derniers montent jusqu'au niveau qui permet de détruire la demande non satisfaite. Cela concerne essentiellement les transports, qui utilisent 60 % du pétrole consommé dans le monde (et 96 % de l'énergie des transports terrestres sont du pétrole). Ce pic va profondément remanier le système d'échanges mondial, dans un sens déjà évoqué plus haut.

Mais les conséquences de la baisse de l'approvisionnement en pétrole ne vont pas se limiter à une diminution des émissions des transports. Nous l'avons vu : le pétrole, c'est encore 35 % de l'énergie mondiale, et l'énergie, c'est le moteur du système économique. Du coup, chaque fois que le prix du pétrole a connu un sursaut depuis 1974, des troubles économiques ont suivi.

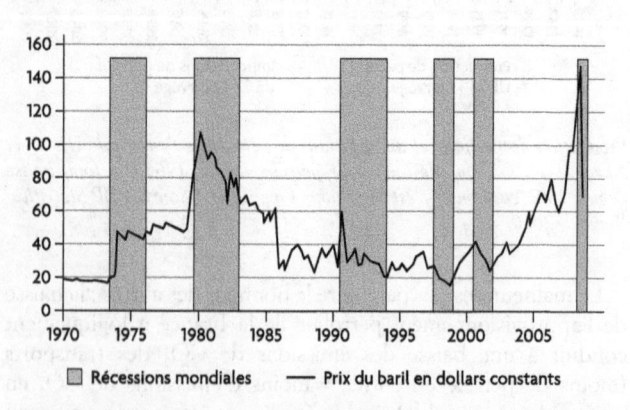

*Prix du baril en dollars constants de 2008 et périodes de ralentissement économique depuis 1970. Chaque hausse du prix du baril a été suivie d'un tel ralentissement, la hausse forte de 2000 à 2008 a même été suivie d'une récession véritable. Source : CIBC World Markets, 2008.*

Un premier enseignement provisoire, à ce stade, est donc qu'il va falloir se passer de charbon en y consacrant de gros investissements alors même que, à cause du pétrole, la situation économique risque de se tendre significativement. Mais peut-être que le gaz allégera le fardeau du manque de pétrole ? Question légitime, mais réponse hélas négative : pour le monde dans son ensemble, la production de gaz va probablement faire l'objet d'un plateau plus ou moins long à partir de 2020 ou 2030, même en tenant compte du non conventionnel. Mais ce maximum mondial a peu de sens, car le gaz est une énergie qui voyage peu : 75 % de la production mondiale sont consommés dans le pays du gisement, et le gaz liquéfié, le seul qui soit véritablement international, représente seulement 8 % de la consommation mondiale. De ce fait, il va y avoir des maxima régionaux bien distincts. Et, pas de chance, les Européens sont en avance ! Le pic de production du gaz de la mer du Nord a probablement eu lieu en 2004, et les importations en provenance de Russie (40 % du gaz européen) vont arriver à un maximum dans les dix ou quinze ans à venir. Du coup, l'approvisionnement gazier européen pourrait se mettre à baisser continuellement dès maintenant, et les gaz non conventionnels américains ne changeront que marginalement la situation chez nous, à cause des échanges internationaux relativement faibles.

Moins de pétrole, moins de gaz, mais défense de recourir au charbon alors que l'énergie est le moteur de l'économie : pas simple ! Traduit en termes économiques classiques, ce qui est exposé ci-dessus signifie que la lutte contre le charbon – car elle reste nécessaire – pourrait se dérouler dans un contexte de récessions répétées des pays de l'OCDE, au sens de l'indicateur PIB. Qui, au sein des négociateurs sur le climat, a envisagé cette éventualité ?

*Tu ne couperas point*

Une fois passées en revue les émissions provenant des combustibles fossiles, restent les émissions liées à la déforestation et celles provenant des pratiques agricoles, qui représentent à peu près un tiers du problème. Renfermant 1 500 milliards de tonnes de carbone, les écosystèmes terrestres représentent un réservoir bien trop important pour que nous nous permettions d'en mettre une fraction significative dans l'atmosphère (cela ferait 5 500 milliards de tonnes de $CO_2$ !). Comme pour le charbon, le problème est cependant très concentré : l'essentiel de la couverture forestière mondiale est situé dans trois bassins majeurs (Amazonie, Asie du Sud-Est et Afrique tropicale), et l'essentiel des émissions liées à la déforestation en provient. En première approximation, le déterminant principal de la déforestation est la croissance démographique, qui engendre un besoin accru en terres agricoles, mais... la consommation de viande est un autre déterminant, puisqu'il faut environ dix fois plus de surface cultivée pour manger du bœuf que pour manger des lentilles. Plus généralement, les émissions d'origine agricole sont pour une large partie une conséquence directe ou indirecte de l'élevage. La lutte contre la déforestation *et* la baisse des émissions agricoles seront donc grandement facilitées par la baisse de la consommation de viande à l'échelle planétaire.

*Quatre axes*

Quand on ajoute à la contrainte aval (préserver un climat stable) la contrainte amont (se défaire d'une dépendance aux combustibles fossiles épuisables), la tâche peut sembler impossible. En fait, cela peut aider : on sait par où commencer !

À la lumière de ce qui précède, on peut quasiment réduire aux quatre axes suivants les mesures pour se libérer de la contrainte « énergie climat », sur lesquels nous reviendrons en détail dans le chapitre final :

1. Gérer dès à présent une baisse de la quantité de pétrole disponible, ce qui va modifier profondément le système de transports (14 % des émissions mondiales) ; la réponse la plus immédiate se trouve dans l'anticipation de la hausse des prix (taxe carbone) et des mesures drastiques de baisse de la consommation des voitures et camions par la normalisation des primes à la casse, la vignette et une politique urbanistique ne conduisant pas à un accroissement de la demande en transports.

2. Mettre en œuvre la capture et la séquestration du $CO_2$, dans les dix ans à venir, dans toutes les centrales à charbon de la planète (18 % des émissions mondiales) et des sources industrielles concentrées (environ 10 %), ce qui passe à la fois par le développement d'une filière industrielle, la mise en place d'un signal prix sur les émissions, et des obligations réglementaires fortes.

3. Mettre sur pied un plan massif de rénovation des bâtiments qui conservent une valeur dans un monde sous contrainte carbone, et détruire, en cinquante ans, les autres, principalement situés dans les banlieues des grandes villes : aujourd'hui, les bâtiments absorbent directement (chauffage) ou indirectement (électricité) plus de la moitié du gaz (naturel évidemment) consommé sur Terre.

4. Dans les pays industrialisés, évoluer vers un régime alimentaire significativement moins riche en produits issus de l'élevage bovin.

L'accord de Copenhague revient implicitement à mettre tout cela en œuvre. Contrairement à une idée trop répandue, ne pas mettre Copenhague en œuvre n'assurera pas la croissance économique perpétuelle dans un monde sans contraintes, cependant que l'environnement sera condamné à se dégrader « plus tard ». L'inaction garantit seulement l'effondrement de l'économie et d'une humanité abondante et pacifique, faute d'énergie et de ressources d'abord, faute d'un climat stable ensuite. Et, en prolongation tendancielle, les très gros ennuis n'attendront pas la fin de la première moitié du siècle. Il y a quarante ans, un certain rapport Meadows (plus connu sous le nom de rapport du Club de Rome) avait pronostiqué le même genre de conséquences (l'effondrement) pour à peu près les mêmes échéances (la première moitié du XXI$^e$ siècle)... Il serait temps de se secouer !

*Chapitre IV*

## MONTRE-MOI DONC TON BILAN CARBONE…

Depuis la Convention sur le climat signée par tous les États du monde en 1992, c'est par la question climatique que les opinions se sont familiarisées avec le terme « carbone », bien plus qu'à cause de la dépendance du monde moderne à une énergie carbonée qui ne sera pas éternelle.

Cette hiérarchie dans l'espace médiatique s'est retrouvée dans les pratiques des entreprises, des États et des ONG, et du coup ce sont les émissions de gaz à effet de serre qui ont fait l'objet des attentions les plus significatives dans les politiques publiques depuis dix ans, et non le souci de moins dépendre d'une énergie à la disponibilité future incertaine. En France, la presse semble s'être familiarisée avec la notion de « bilan carbone », c'est-à-dire le total des émissions nécessaires à tel ou tel processus ou acte de la vie quotidienne. Pourtant, quand on creuse un peu, il n'est pas évident que tout le monde comprenne la même chose quand il est question de compter les émissions !

Rappelons tout d'abord un fait central : pour l'essentiel, les émissions de gaz à effet de serre ne se mesurent pas de manière physique, mais s'obtiennent par le calcul. Quand le ministre de l'Environnement du moment se félicite de la baisse des émissions des transports, ou au contraire se lamente de leur hausse, il n'a pas été courir derrière chaque pétrolette à roulettes avec un thermomètre d'un genre particulier pour mesurer la quantité de $CO_2$ qui s'en échappe. Ce qu'il a fait, ou plutôt ce qu'ont fait ses services statistiques, c'est prendre la quantité totale de carburant livrée sur le territoire français, et multiplier par la quantité de $CO_2$ que produit la combustion d'un litre de carburant. Ce mode d'emploi s'appliquera aussi à ce qui est émis par les cheminées de bateaux, les réacteurs d'avions, les chaudières au fioul ou à gaz, et à toutes les combustions issues des hydrocarbures.

Plus généralement, le comptable du carbone (souvent, le terme « carbone » désigne les émissions de gaz à effet de serre au sens large, chaque profession a son jargon !) a comme principe de base d'appliquer à des flux physiques déjà mesurés (des litres de carburant consommés, des tonnes de charbon brûlées dans une chaudière de centrale électrique, ou des vaches qui sont élevées dans une exploitation) des « facteurs d'émission », convertissant les données sur les flux en émissions supposées.

Dit comme cela, cette affaire paraît simple. Mais, en pratique, elle ne l'est pas toujours, parce que le facteur d'émission peut correspondre à un processus compliqué ou mal mesuré. Par exemple, quand on utilise une voiture, il y a un flux physique qui s'obtient facilement : la distance parcourue. Il suffit de regarder le compteur ! Cela se mesure même bien plus facilement que la quantité de carburant consommée : le compteur va vous indiquer la distance de chez vous au supermarché, mais, sauf si vous avez un ordinateur de bord et que vous avez réinitialisé la consommation juste avant de partir (ce qui en pratique n'arrive quasiment jamais), vous n'aurez pas la quantité de carburant consommée. Pour obtenir le chiffre des émissions liées au déplacement, notre comptable du carbone va donc souhaiter partir des kilomètres, puisque c'est la donnée la plus facile à obtenir par le compteur ou par la lecture de la carte. Ensuite, c'est évident, allez-vous dire : la documentation de la voiture dit qu'elle consomme tant par kilomètre, on multiplie par le facteur d'émission du carburant, et hop, le tour est joué. Sauf que… ce que vous souhaitez, c'est la consommation réelle de la voiture, or cette dernière est toujours bien supérieure à ce que le constructeur vous a raconté ! Il faut donc faire une estimation de la consommation moyenne réelle du véhicule utilisé, et là commence un long débat : avez-vous accès, ou pas, au type de véhicule utilisé ? (Car vous pouvez faire les calculs pour quelqu'un d'autre.) Si oui, combien faut-il rajouter à la consommation « théorique » pour obtenir la consommation réelle ? Si non, est-ce raisonnable de prendre la consommation moyenne des véhicules français, issue de statistiques nationales, ou est-ce inapproprié parce que vous faites le bilan carbone d'un club de golf où tout le monde se rend en BMW série 7 ?

Les questions ne s'arrêtent pas là : faut-il se limiter à la combustion du carburant, ou aussi tenir compte de la fabrication de la voiture, de la production du carburant (extraction du pétrole, transport, raffinage, distribution…), de l'entretien et l'assurance de la voiture, de la construction et l'entretien de la route, et encore du salaire du gendarme qui fait passer les alcootests… ?

Ce que ces questions suggèrent, c'est qu'il est souvent possible d'établir la comptabilité du carbone de multiples manières, et, sans garder en tête la raison pour laquelle on compte, les choix de méthode seront généralement impossibles à trancher.

## *Zéro $CO_2$, c'est parfois 100 % de bêtises !*

Quand c'est le constructeur automobile qui compte, il a ainsi une furieuse tendance à évacuer tout ce qui ne l'arrange pas. Par exemple, quand un PDG de firme automobile pose à côté d'une voiture électrique, dans un Salon de l'auto, avec une belle pancarte « zéro $CO_2$ », le message évident est que le facteur d'émission par kilomètre parcouru est… nul. De fait, si on se limite à l'utilisation de l'électricité dans la voiture, c'est tout à fait vrai : sur son lieu d'utilisation, l'électricité n'émet pas le moindre gaz à effet de serre. Mais une voiture apparaît rarement par l'opération du Saint-Esprit : il faut la construire. Cela nécessite d'utiliser de l'acier (l'acier s'obtient en réduisant du minerai de fer avec du charbon, ce qui produit 3 tonnes de $CO_2$ par tonne d'acier en moyenne), de l'aluminium (ce métal s'obtient par électrolyse de l'alumine et, si l'électricité utilisée est produite au charbon, cela produit 20 tonnes de $CO_2$ par tonne d'aluminium), du plastique (issu de la pétrochimie, utilisant une partie du pétrole pour fournir de la chaleur ; la fabrication d'une tonne de plastique engendre environ 2 tonnes de $CO_2$), etc. Résultat : fabriquer une tonne de voiture, électrique ou pas, engendre des émissions de 5 à 6 tonnes de $CO_2$. Quand elle quitte l'usine, une voiture à diesel a engendré les mêmes émissions (pour sa fabrication) que si elle avait déjà roulé 25 000 km.

Après sa fabrication, pour avancer notre voiture électrique doit disposer d'électricité dans son réservoir particulier, qui est sa batterie. À nouveau, cette électricité n'émet rien quand on l'utilise mais, pour la produire, il faut parfois enrichir l'atmosphère en $CO_2$. Car le nucléaire (qui vient à l'esprit de tout Français quand il est question d'électricité) est un mode de production minoritaire sur le plan mondial : 40 % de l'électricité planétaire sont produits au charbon (ce qui produit 1 kg de $CO_2$ par kWh électrique), 20 % au gaz (400 à 500 g de $CO_2$ par kWh électrique), et 5 % au fioul lourd (600 à 700 g de $CO_2$ par kWh électrique). Ceci expliquant cela, la production électrique occupe une place majeure dans les émissions mondiales. Sur un total de 38 milliards de tonnes de $CO_2$ émis par l'humanité en 2009 (déforestation comprise), les seules centrales à charbon émettaient environ 9 milliards de tonnes (soit 23 % du $CO_2$ seul et 17 % des émissions tous gaz confondus).

La particularité française (75 % de notre électricité nationale est nucléaire et 15 % hydraulique, pour faire court) nous masque donc une réalité majeure si nous regardons le monde dans son ensemble : l'énergie qui domine la production électrique aujourd'hui, c'est le charbon : 50 % de l'électricité américaine viennent de ce combustible, 50 % de l'électricité allemande, un tiers de l'électricité européenne (à parité avec le nucléaire), un tiers de l'électricité japonaise, 75 % environ de l'électricité australienne… et, bien sûr, 80 % de l'électricité chinoise.

Depuis 1945, la production électrique mondiale est passée de 650 TWh[1] à 20 000 TWh, soit une multiplication par 30, sans jamais décroître d'une année sur l'autre, sauf de 2008 à 2009. La consommation d'électricité est donc bien moins « élastique » que la consommation d'énergie tout court, puisque cette dernière a temporairement décru à l'occasion de diverses crises (1929, 1945, 1979 et 2008). À l'échelle planétaire, l'augmentation de la production électrique n'a pas été essentiellement permise par la croissance du nucléaire (et encore moins de l'éolien !), mais par les combustibles fossiles, qui fournissaient 75 % de la production électrique en 1973 et 67 % aujourd'hui.

Ce recours aux énergies fossiles pour produire de l'électricité n'est hélas pas terminé. Regardons comment se répartissent les investissements dans les centrales électriques en cours de construction dans le monde : le charbon occupe de loin la première place (environ 200 GW[2] en construction actuellement, soit quatre fois la capacité nucléaire de la France), suivi du gaz (environ 150 GW en construction). Certes, le monde construit aussi des usines hydroélectriques (environ 180 GW en construction), mais le délai de construction d'un grand barrage est quasiment deux fois plus long que celui d'une centrale à charbon, et donc les mises en service annuelles sont deux fois moindres. Par ailleurs, les barrages avec retenue produisent rarement en

---

[1]. T signifie téra, soit 1 000 milliards. 1 TWh représente donc un milliard de kWh.
[2]. Un gigawatt (GW en abrégé) représente 1 000 mégawatts (MW) ou 1 000 000 kW ; un réacteur nucléaire français fait typiquement de l'ordre du GW et une tranche à charbon de l'ordre de 0,5 GW.

continu, comme l'essentiel des centrales à charbon. En France, par exemple, les barrages avec lac (donc pas au fil de l'eau) fonctionnent un peu plus de 1 000 heures par an, quand les centrales nucléaires (ou à charbon en Allemagne) produisent plutôt 7 000 heures par an. Le nucléaire et l'hydroélectricité, qui font 15 % de l'électricité mondiale chacun (l'éolien est à moins de 1 %), sont donc pour le moment des contributeurs minoritaires à la circulation des électrons, et les investissements en cours ne vont pas modifier significativement la situation dans les années à venir. Après, la bonne question, qui a été discutée au chapitre précédent, est de savoir s'il y aura assez de combustible pour que ces centrales produisent jusqu'à leur fin de vie telle qu'elle a été planifiée aujourd'hui...

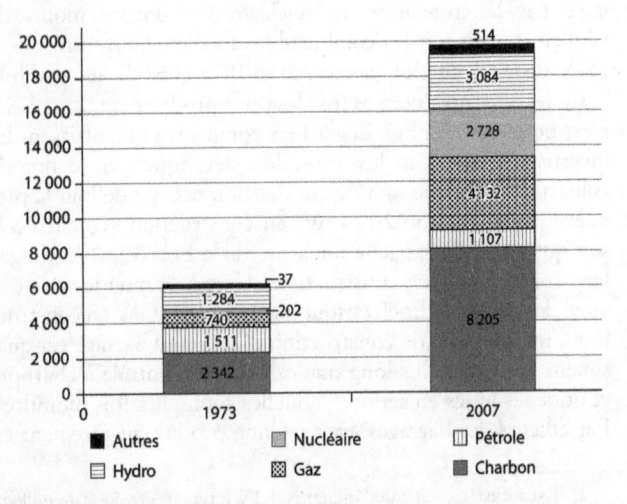

*Production électrique en TWh par type d'énergie primaire, en 1973 et en 2007. Source : Agence internationale de l'énergie, 2009. On note que le pétrole a fortement décru en part relative après les chocs pétroliers, mais pas tant que cela en valeur absolue.*

Maintenant que nous avons quelques idées sur la production électrique mondiale, revenons à notre véhicule survolté et à ses émissions au kilomètre. À ce stade, il est clair que la voiture à électrons émet au moins autant... que les usines successives qui ont permis sa fabrication, et que les centrales électriques qui ont produit l'électricité utilisée. Et, dans la fabrication, il y a un ajout notable par rapport à la voiture à essence : une grosse batterie, dont la production suppose de recourir à des activités particulièrement énergivores, entre autres des industries minières et des matériaux de base[1]. Tout cela engendre des émissions qui viendront logiquement s'imputer sur les kilomètres parcourus ensuite. Si nous raisonnons avec la moyenne mondiale du « contenu en $CO_2$ par kWh électrique », qui est de l'ordre de 500 g de $CO_2$, utiliser une voiture électrique ne permet pas de diminuer sensiblement les émissions de $CO_2$ par kilomètre parcouru par rapport à une voiture à essence de poids et de puissance comparables.

Pour une voiture à hydrogène, autre alternative à la voiture à essence qui a parfois mobilisé l'attention des médias, nous trouverions également en premier terme la production de l'hydrogène (soit par électrolyse de l'eau, soit par craquage du gaz naturel, soit par reformage du gaz et de la vapeur d'eau), avec le plus souvent de grosses émissions de $CO_2$ à la clé dans l'usine qui fabrique l'hydrogène, puis dans celle qui fabrique le véhicule et sa pile à combustible. Dans tous les cas de figure, « zéro $CO_2$ », cela n'existe pas ! Ce qui peut exister, c'est « zéro $CO_2$ sur le lieu d'utilisation », mais cela signifie généralement que les émissions ont été déplacées ailleurs. Toute la question est alors de savoir si, en déplaçant les émissions ailleurs, on peut envisager ou non une diminution des émissions globales.

---

1. Rappelons que, dans le monde, 80 % des émissions de gaz à effet de serre de l'industrie proviennent des industries des matériaux de base (métallurgie, chimie, cimenterie, verreries, papeteries, etc.).

*Les émissions chez moi :*
*l'inventaire national*

À ce stade, nous comprenons que la manière d'identifier et de tenir compte des divers termes qui contribuent aux émissions globales d'un kilomètre en voiture dépend du périmètre de ce qui est compté. Et, pour qui s'intéresse aux émissions, cette question du périmètre est récurrente : où donc faut-il s'arrêter pour « bien » inventorier ces premières ? Est-il logique, voire normal, de compter « quelque chose » pour les émissions des avions si je cherche à savoir combien il y a de gaz à effet de serre dans l'activité d'un marchand de souvenirs qui vend des colifichets aux touristes étrangers de passage à Paris ? Comme nous avons commencé à le voir ci-dessus, cette question n'a en fait pas de réponse unique : tout dépend de qui a posé la question et pour quoi faire.

Historiquement, les premiers acteurs ayant eu à compter des émissions sont les États, dans le cadre de la Convention sur le climat de 1992 puis du protocole de Kyoto, qui en est un « appendice ». En effet, comme ces traités imposent une action sur les émissions, la première conclusion opérationnelle qui découle de cet objectif est qu'il faut mesurer lesdites émissions. Lesquelles ? Eh bien uniquement celles qui ont lieu au sein des frontières géographiques d'un État, pardi ! Seule cette manière de faire répond à la question de la responsabilité juridique au droit d'un traité où chaque État ne s'engage que pour ce qui se passe chez lui.

Comme nous avons vu que les émissions ne se mesurent pas en continu mais se calculent, les comptables du carbone de l'époque ont très vite compris que, pour obtenir une estimation des émissions, il fallait se caler sur des flux physiques déjà mesurés régulièrement par ailleurs. Les États ont alors mis au point une méthode d'inventaire repartant d'un découpage de l'activité par grands secteurs, déjà objets de statistiques ici ou là (industrie, transport, agriculture, bâtiments). Cette méthode permet de produire ce qui s'appelle aujourd'hui les inventaires nationaux, lesquels couvrent tout ce qui se passe dans un État, en évitant les doubles comptes. Comme les comptabilités nationales sont tenues de la même manière d'un pays à l'autre, il a été assez facile de proposer un découpage qui soit le même partout, pour pouvoir ensuite faire des comparaisons internationales par secteur. Aujourd'hui, ces inventaires sont établis en suivant des méthodes détaillées, publiées par le GIEC[1], afin de standardiser ce travail quel que soit le pays. Ledit travail n'est pas seulement l'affaire de trois additions : l'inventaire d'émission remis par la France au secrétariat de la Convention sur le climat pour 2009 faisait près de 1 200 pages !

Dans la nomenclature adoptée par les États pour tenir l'inventaire de leurs émissions, nous allons systématiquement retrouver sept grands postes identiques pour tous : les industries de l'énergie (centrales électriques, raffineries, et plus marginalement réseaux de chaleur et autres bricoles), les industries tout court (tout le reste : aciéries, chimistes, cimenteries, papeteries, industries manufacturières, etc.), l'agriculture, les transports, les bâtiments (l'intitulé exact est « résidentiel et tertiaire »), le traitement des déchets, et un poste qui peut compter des émissions ou une absorption (on parle de « puits » dans le jargon) : le changement d'usage des sols, terme barbare sur lequel nous reviendrons. Chacun de ces postes recouvre à peu près la même chose quel que soit le pays concerné.

Ces inventaires comptabilisent donc les émissions géographiquement « domiciliées » au sein d'un pays donné. Ce que l'on

---

1. Groupe intergouvernemental sur l'évolution du climat. Organe des Nations unies dont le mandat principal est de rassembler la littérature scientifique sur l'influence de l'homme sur le climat, mais qui publie également des documents méthodologiques pour les inventaires d'émission.

appelle classiquement les « émissions par habitant », ce sont les émissions de cet inventaire national divisées par la population nationale. Elles ne reflètent pas nécessairement les habitudes de vie de manière réaliste, car elles reflètent plus la production domestique que la consommation domestique.

*Je cultive, donc j'émets*

Pour comprendre ce qu'il y a dans ces inventaires nationaux, commençons notre petite revue de détail par les activités agricoles, qui contribuent aujourd'hui au sixième des émissions totales de l'humanité. À cela on pourrait rajouter la déforestation, qui représente 12 % des émissions mondiales. En effet, comme cette déforestation est le plus souvent due au défrichage de la forêt pour obtenir des surfaces agricoles, nos comptables du carbone auraient pu la mettre dans la catégorie « agriculture et plus ». Pourtant ils n'en ont rien fait, et ont créé pour ces émissions une catégorie au doux nom de LULUCF, soit, en anglais, *Land Use, Land Use Change and Forestry* (« utilisation des sols, changement d'usage des sols et gestion forestière »). Ce tiroir de la commode concerne toutes les émissions – ou les absorptions – qui découlent d'un changement d'affectation des sols : soit une déforestation qui transforme un sol à usage de forêt en sol à usage agricole ou en sol à usage d'infrastructures (avec au passage défrichage donc émissions de $CO_2$), soit de la reforestation, qui désigne la transformation inverse et qui conduit à une absorption nette de $CO_2$. Dès qu'un sol change d'usage et que cela modifie le cycle d'un gaz à effet de serre, c'est dans cette catégorie que la comptabilité (souvent assez compliquée) prend place. Le changement d'usage des sols est le seul secteur qui permette à la fois des absorptions et des émissions – difficile d'absorber du $CO_2$

ou du méthane dans le secteur des transports ou des bâtiments ! Comme les absorptions sont directement liées au couvert forestier et à son extension, mais en rien le reflet d'un mode de vie, ce secteur est souvent séparé du reste dans les résultats globaux.

Historiquement, la déforestation a été la première des causes d'émissions de $CO_2$ au XIXe siècle, et ce n'est qu'en 1930 que la contribution des énergies fossiles a dépassé celle du défrichage.

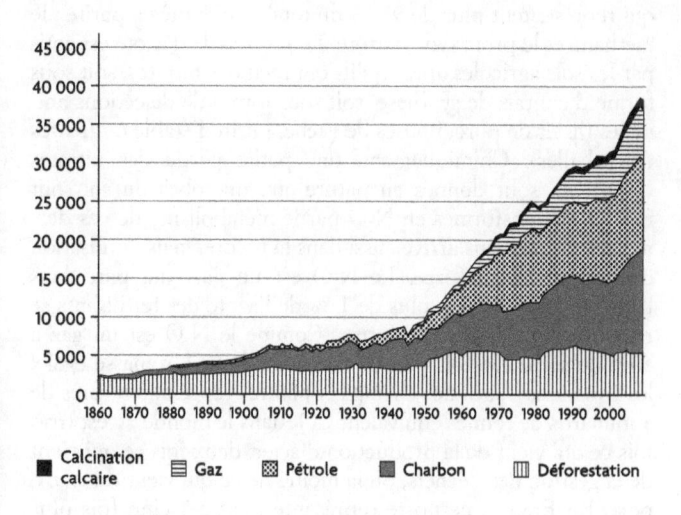

*Émissions de $CO_2$ planétaires, en millions de tonnes, de 1860 à 2009. Calcul de l'auteur sur données Shilling et al., 1977 (énergie de 1860 à 1965), BP Statistical Review 2010 (énergie de 1965 à 2009), CDIAC 2010, http://cdiac.ornl.gov/trends/emis/tre_glob.html (calcination du calcaire depuis 1860), Houghton Wood Hole Centre, http://cdiac.ornl.gov/trends 2006 (déforestation depuis 1860, extrapolée de 2005 à 2009).*

En France, pourtant, la première chose qui vient à l'esprit quand on évoque les émissions liées l'agriculture, ce n'est pas la déforestation, mais les tracteurs, puisqu'ils ont des moteurs qui brûlent du pétrole. Cette contribution est certes bien réelle, mais elle est marginale à la fois dans la consommation hexagonale de pétrole (3 millions de tonnes de pétrole vont à l'agriculture et à la pêche sur les 85 consommés dans le pays) et dans les émissions nationales.

Si la combustion du fioul est un terme minoritaire au sein des émissions agricoles, c'est que d'autres dominent ! De fait, dans les émissions agricoles mondiales, ce sont deux gaz hors $CO_2$ qui représentent plus de 95 % du total, à peu près à parité : le méthane et le protoxyde d'azote. Le protoxyde d'azote est émis par les sols agricoles après qu'ils ont reçu des nitrates, soit sous forme d'engrais de synthèse, soit sous forme de déjections animales (lisier de porc, bouses de vache, purin d'étable ou fientes de volailles). Chimiquement, une petite partie des nitrates ($NO_3$) qui sont donnés en pâture aux microbes du sol sont réduits et transformés en $N_2O$ par le métabolisme de ces derniers. Ce processus arrive aussi dans la nature, mais l'utilisation des engrais le renforce. Le $N_2O$ est un gaz, qui part dans l'atmosphère. Un peu plus de 1 % de l'azote des fertilisants se retrouve émis sous cette forme. Comme le $N_2O$ est un gaz à effet de serre 298 fois plus puissant que le $CO_2$ à masse égale, les émissions issues des champs et pâtures représentent près de 3 milliards de tonnes équivalent $CO_2$ dans le monde : c'est trois fois ce qui vient de la production d'acier, deux fois ce qui vient de la gestion des déchets, ou la moitié de ce qui vient du transport. En France, ce poste représente quatre à cinq fois plus d'émissions que la combustion dans les engins agricoles et les bâtiments d'exploitation du secteur.

Le méthane agricole mondial, quant à lui, provient à peu près à parité des ruminants et des rizières. Les ruminants en émettent à cause de la fermentation de l'herbe dans leurs estomacs et de la fermentation de leurs déjections (fumier). Le reste des animaux d'élevage contribuent aussi à ce poste, mais de manière plus marginale parce qu'ils représentent une biomasse plus faible (chèvres, moutons) ou qu'ils ne ruminent pas (porcs *via* les lisiers conservés à l'abri de l'oxygène de l'air, volailles *via* les fientes, etc.). Dans tous les cas, c'est l'action des bactéries anaérobies qui produit du méthane : ces bactéries ont un métabolisme qui n'est pas basé sur la respiration d'oxygène, mais elles « digèrent » les végétaux en produisant du méthane. Les rizières fournissent le deuxième terme significatif, à parité avec ce qu'émettent les vaches, mais pas pour la même production : la planète produit environ 600 millions de tonnes de riz par an pour seulement 50 millions de tonnes de carcasse de bœuf, auxquelles il faut évidemment ajouter les laitages. Au total, le méthane d'origine agricole représente, selon les sources, de 40 % à 60 % des émissions mondiales pour ce gaz. Et il convient de rappeler que les inventaires d'émission calculent, mais ne mesurent pas : impossible de mettre un capteur au-dessus de chaque ruminant, de chaque tas de fumier ou de chaque rizière dans le monde !

*L'électricité, pas si propre !*

Quittons maintenant le sol pour passer sous le sol, ou plus exactement à un premier secteur qui utilise ce qui en est extrait : les « industries de l'énergie », catégorie qui regroupe essentiellement les industries extractives d'énergie, les centrales électriques et les raffineries, et plus marginalement les réseaux de chaleur. Comme nous l'avons vu plus haut, les seules centrales électriques à charbon émettent aujourd'hui 9 milliards de tonnes de $CO_2$ par an. Ajoutons les centrales électriques à gaz (qui utilisent environ 40 % du gaz mondial), et voici encore 2,5 milliards de tonnes équivalent $CO_2$ de plus, les raffineries (qui brûlent environ 5 % du pétrole pour alimenter le raffinage), avec environ 600 millions de tonnes de $CO_2$ d'émissions à la clé, et enfin les centrales électriques à fioul (l'ordre de grandeur est le même que pour les raffineries). N'oublions pas les réseaux de chaleur, qui rajoutent quelques pour cents au total. Ni non plus le méthane qui s'échappe des mines de charbon, puits de pétrole et autres champs de gaz, pour environ 2,5 milliards de tonnes équivalent $CO_2$ par an. Bien entendu, avec la nomenclature adoptée, une centrale à charbon européenne se verra « créditée » des émissions de combustion du charbon dans sa chaudière, mais pas des émissions du transport depuis la mine sud-africaine et encore moins des émissions de méthane de la mine en question, qui, elles, seront comptabilisées dans l'inventaire sud-africain. Au total, centrales électriques au charbon, gaz et fioul, et raffineries (pour une faible part) envoient 15 milliards de tonnes équivalent $CO_2$ dans l'air, soit 28 % des émissions mondiales. C'est deux fois le transport mondial, dont nous parlerons plus loin. Qui a dit que la civilisation de l'électricité nous avait rendus « propres » ?

Ces industries de l'énergie ont une fonction physique bien identifiée : celle d'utiliser les ressources à contenu énergétique disponibles dans la nature (charbon, pétrole, gaz, uranium, chutes d'eau, et beaucoup plus marginalement vent, soleil...), et de les transformer en « énergie finale », que nous utilisons (carburants raffinés, électricité, etc.). L'essentiel de ces transformations requiert de la chaleur, qu'il s'agisse d'électricité (85 % de la production électrique mondiale est « thermique » : un combustible, fossile ou nucléaire, chauffe une grosse bouilloire qui produit de la vapeur sous pression, laquelle fait tourner une turbine), de raffinage ou de réseaux de chaleur, et cela engendre donc des émissions ; c'est très simple !

Ce secteur des industries de l'énergie est d'une importance variable en fonction des pays. En France, en 2009, 16 % « seulement » des émissions de $CO_2$ venaient des industries de l'énergie (merci le nucléaire), alors qu'en Chine, en 2000, c'était 45 % (80 % de l'électricité y sont faits au charbon), et 40 % aux États-Unis (50 % de l'électricité au charbon et 20 % au gaz). Cette importance du secteur « énergie » se ressent généralement de manière directe sur les émissions par habitant au sens défini plus haut : à PIB par habitant identique, plus la part des énergies électriques décarbonées (nucléaire et hydroélectricité pour l'essentiel) est forte, plus les émissions par habitant, au sens de l'inventaire national, sont basses. L'éolien et le photovoltaïque sont trop marginaux pour influer significativement sur ces émissions par habitant.

Après les industries de l'énergie, nous trouvons les « procédés industriels », c'est-à-dire les émissions directes des chaudières ou des procédés des industries, hors industries de l'énergie. Cet ensemble regroupe les émissions des fours à ciment (qui sont responsables d'environ 4 % des émissions mondiales), des hauts fourneaux (qui ne sont pas de la combustion à proprement parler, mais représentent environ 2 % des émissions mondiales), des chaudières de papeteries, des fours à verre, et plus généralement la contrepartie de tout ce qui émet directement dans le périmètre de l'usine. Au total, ces procédés représentent environ 20 % des émissions mondiales de gaz à effet de serre. Si nous y rajoutons les émissions des industries de l'énergie mises à contribution pour fournir l'électricité et les produits pétroliers et gaziers consommés par les usines, alors nous arrivons plus près de 30 % des émissions mondiales. Nous y reviendrons plus bas : fabriquer tous les objets que nous considérons comme faisant partie de la vie courante (mais qui y sont depuis très peu de temps, voir le chapitre I) engendre des émissions majeures. En France, ce pourcentage de 20 % du total pour ce qui sort directement des usines reste à peu près valable.

Comme une usine ne saurait fonctionner sans transports, qu'il s'agisse des personnes ou des marchandises, regardons maintenant ce qui se déplace ! Cette catégorie « transports » concerne tout ce qui sort directement d'un pot d'échappement : les émissions directes des moteurs de voiture quand ils brûlent du gasoil, de l'essence, du GPL ; les émissions des motrices diesel des trains ; et ce qui sort des réacteurs d'avion et des cheminées de bateau. L'ensemble représente environ 13 % des émissions mondiales et, à la différence des industries de l'énergie ou des industries tout court, le charbon et le gaz sont ici quasiment absent des usages. En effet, 95 % des transports terrestres et 100 % des transports aériens et maritimes (si l'on excepte l'avion solaire de Piccard et les voiliers de la Route du rhum) fonctionnent au résidu liquide de plancton : le pétrole. Le pétrole est avant tout dévolu aux sources mobiles, le charbon restant lui le roi des sources fixes.

Notre inventaire national comporte ensuite une catégorie « résidentiel tertiaire ». Résidentiel, on comprend bien ce que cela doit vouloir dire : il s'agit de nos domiciles, dont le chauffage au gaz ou au fioul (et encore très rarement au charbon en Europe) occasionne des émissions de $CO_2$, avec un petit supplément pour l'eau chaude sanitaire (au gaz ou au fioul) et la cuisson (au gaz). Et tertiaire, c'est quoi cette bête ? En l'espèce, il s'agit des bâtiments qui ne sont pas à usage d'habitation : commerces (y compris hôtels et restaurants), bureaux, hôpitaux, écoles, crèches, casernes, sans oublier la piscine, le gymnase ou encore la mairie ; dans une ville, ces surfaces représentent environ la moitié des surfaces de logement, ce qui n'est pas rien. Sous nos latitudes, ces bâtiments sont le plus souvent chauffés l'hiver, et si c'est avec du fioul ou du gaz, leurs chaudières émettent du $CO_2$.

Or nos bâtiments sont devenus des gouffres à énergie : la totalité des kilowattheures qui entrent dans les bâtiments, quelle que soit l'énergie utilisée (fioul, gaz, électricité, vapeur de chauffage urbain…), représente 45 % de l'énergie finale consommée en France. Aux États-Unis, c'est environ 40 % (mais c'est entre autres parce que le secteur des transports est proportionnellement plus important dans ce pays), et, dans la majorité des pays occidentaux (qui sont situés aux moyennes latitudes), nous allons trouver un pourcentage identique.

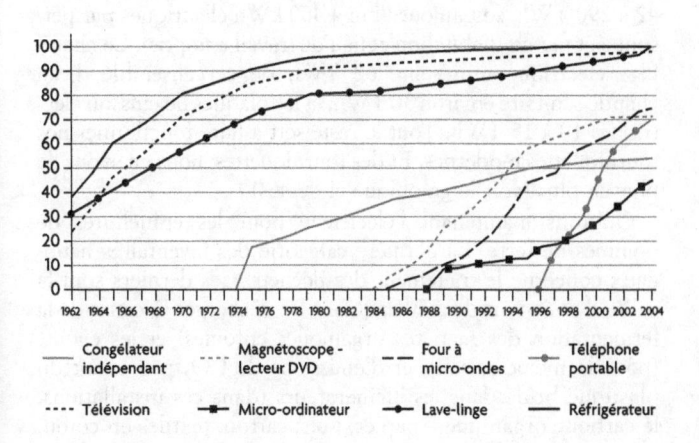

*Évolution du taux d'équipement des ménages français de 1962 à 2004 pour quelques appareils électroménagers. Source : INSEE, 2010.*

Ces émissions n'incluent pas, évidemment, la production de l'électricité permettant à ces bâtiments d'être parfois chauffés ou climatisés, et dans tous les cas de figure éclairés et alimentés pour faire fonctionner lave-linge, lave-vaisselle, TV à écran plat et autres ascenseurs et sanibroyeurs. La production de cette électricité reste sagement confinée dans sa catégorie « industries de l'énergie ». C'est la raison pour laquelle le consommateur ne se sent pas vraiment responsable de la hausse des émissions liées à la production électrique : chez lui, pas de fumée ! Juste une ridicule facture, pour un esclave mécanique qui revient à quelques centimes d'euro par jour.

Pourtant, l'occupant de bâtiments n'est pas pour rien dans la hausse de la consommation électrique : en France, par exemple, en un peu moins de quarante ans (de 1970 à 2008), la consommation d'électricité dans les bâtiments est passée de 42 à 290 TWh, soit aujourd'hui 4 400 kWh électriques par personne et par an (habitation et lieu de travail compris). Le chauffage électrique représente 62 TWh de cet ensemble, l'eau chaude sanitaire environ 30 TWh, et les plaques de cuisson électriques 10 à 15 TWh. Tout le reste sert à faire fonctionner nos tourniquettes modernes. Et des tourniquettes, nous en avons de plus en plus (voir le graphique ci-dessus) !

Quittons maintenant l'électricité pour les épluchures de pommes de terre. La dernière catégorie des inventaires nationaux concerne le traitement des déchets. Ces derniers sont la cause d'émissions de méthane dans les décharges (à cause de la fermentation des matières organiques enfouies) et les égouts (pour la même raison), et d'émissions de $CO_2$ provenant du plastique brûlé dans les incinérateurs (dans ces installations, le carbone organique – papier, bois, carton, textiles en coton, etc. – n'est pas pris en compte). Ce poste pèse à peu près 3 % des émissions planétaires et, dans cet ensemble, c'est de très loin le méthane des décharges et des égouts qui domine.

*« Not in my backyard », aussi pour les émissions*

Les inventaires nationaux ont un gros avantage et deux gros inconvénients. L'avantage, c'est qu'ils collent à ce qui leur est demandé, à savoir mesurer ce qui se passe au sein d'un pays qui a pris un engagement sur ses émissions. Par ailleurs, un découpage par secteur permet de faire des comparaisons entre les pays sur l'efficacité de certains secteurs d'activité, et invite donc ceux qui ont les procédés industriels les plus inefficaces ou les bâtiments les moins bien isolés à faire des efforts.

Mais cette approche ne permet pas toujours une lecture aisée pour faire de la « maîtrise de la demande », « maîtrise » étant un mot bien pudique pour désigner les économies massives que nous allons devoir faire. La nomenclature de l'inventaire national ne permet pas toujours d'indiquer au consommateur comment il peut agir utilement – ou pourquoi il va finir par y être contraint – sur les émissions de tel ou tel secteur en consommant moins ou en changeant de type de produit consommé. Car l'inventaire national n'a jamais été fait pour donner les clés de l'action pour des actes de consommation qui font appel à de nombreux secteurs d'activité, à la fois dans et en dehors du pays. Impossible, en le lisant, de savoir combien il y a de gaz à effet de serre dans ce qui arrive dans nos assiettes : il faut pour cela agréger les émissions de méthane des animaux et de protoxyde d'azote des champs (dans et hors du pays), y rajouter des émissions de transport, de fabrication du plastique et du carton utilisés pour les emballages, sans oublier la fabrication des tracteurs, des camions, la construction du supermarché, etc.

Il est tout aussi impossible d'utiliser l'inventaire national pour savoir combien de gaz à effet de serre est nécessaire pour fabriquer puis utiliser pendant leur durée de vie un aspirateur, un ordinateur, un pantalon (qu'il faut laver !) ou un ascenseur.

Pourtant, nous considérons souvent que les émissions de notre inventaire national reflètent notre mode de vie, puisque c'est avec cet indicateur que nous désignons les coupables et expliquons que les Américains sont des grands méchants alors que les Français sont des petits gentils. Or, ce n'est pas l'inventaire national qui permet de compter les émissions qui viennent en contrepartie de la mise à disposition du consommateur final de tout ce qu'il utilise, importations comprises et exportations déduites. Quand le pays est très grand et que l'essentiel de sa consommation domestique vient de sa production domestique (ce qui revient à dire que le commerce international est faible au regard de son économie), les émissions nationales par habitant ne sont pas loin de refléter les émissions associées à la consommation finale des ménages (cas des États-Unis). Mais, quand le pays est petit et que son commerce international est important ramené à son économie, alors il peut y avoir de très grosses différences entre les deux, et se focaliser sur les émissions nationales peut donner une fausse impression de vertu (cas de la Suisse).

Les inventaires nationaux ont une dernière lacune : les émissions du transport international ne sont pas rattachées à des pays en particulier. Comme les premiers comptables du carbone ne se sont pas mis d'accord rapidement pour savoir à qui imputer les émissions d'un avion immatriculé en Allemagne qui effectue un vol des États-Unis vers la Suisse en transportant des Mexicains, ces émissions n'ont été imputées à aucun pays, ce qui fait disparaître environ 2 % du total mondial des inventaires nationaux. Il en va de même avec les émissions du transport maritime international, soit environ 3 % des émissions mondiales, qui ne sont comptées nulle part dans les émissions des pays.

Pour passer à l'action, il a donc fallu inventer une autre manière de compter les émissions, centrée non point sur le principe de responsabilité, mais sur celui de dépendance. La question n'est plus : « Comment compter ma très grande faute », mais : « De quelles émissions dépend une organisation (entreprise, administration, collectivité) pour exister sous sa forme actuelle ? » Il est évident que poser la question de cette manière est un peu moins moral… mais un peu plus pragmatique pour les individualistes que nous sommes ! En effet, dès lors que l'on comprend que son activité dépend d'émissions qui prennent place ailleurs et qui ne vont peut-être pas pouvoir durer éternellement, on peut se sentir vulnérable et être incité à agir pour l'être un peu moins.

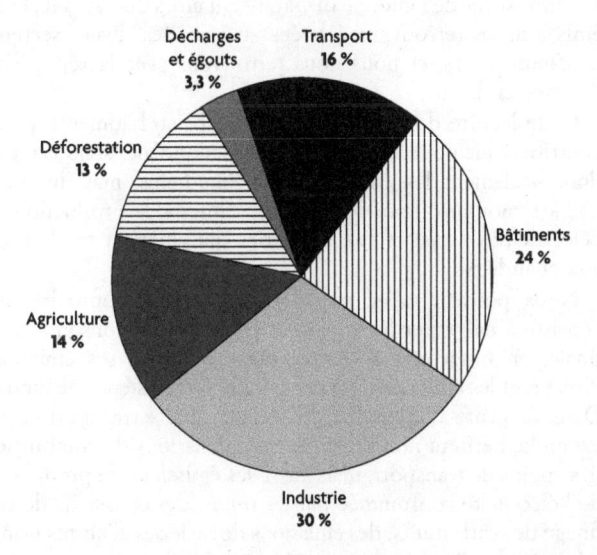

*Répartition approximative des émissions de gaz à effet de serre hors ozone dans le monde par secteur, 2004, après réaffectation de la production d'énergie aux secteurs utilisateurs. Sources : calculs de l'auteur sur données IPCC, Houghton, déjà citées, et $CO_2$ Emissions from Fuel Combustion, Agence internationale de l'énergie.*

Une première manière d'aller vers cette analyse de la dépendance (qui est aussi une manière de raisonner sur la responsabilité élargie) est d'imputer aux grands secteurs de l'inventaire les émissions du secteur électrique, au prorata de l'électricité consommée par chaque secteur, ce qui fait du coup disparaître la production électrique comme secteur individualisé. On peut utiliser la même méthode pour faire « disparaître » les émissions du raffinage, elles aussi imputées à chaque secteur au prorata de la consommation de produits pétroliers raffinés.

Les industries de l'énergie disparaissent alors du paysage, leurs émissions se retrouvant éclatées au sein des divers secteurs consommateurs, et nous nous retrouvons avec la répartition illustrée ci-dessus.

Cette lecture donne une nouvelle place au bâtiment, qui ne contribue que pour 9 % aux émissions mondiales si nous regardons seulement les émissions des chaudières, mais monte à 25 % si nous ajoutons les émissions dues à la production de l'électricité utilisée et aux industries qui amènent fioul et gaz aux chaudières !

Nous pouvons aller plus loin dans cette approche, qui consiste à découper les émissions par poste de consommation finale, en rattachant à chaque poste à la fois ses émissions directes et les émissions qui ont permis son existence en amont. Dans ce genre d'approche, le secteur final « transport », par exemple, héritera non seulement des émissions de combustion des engins de transport, mais aussi des émissions de production de l'électricité consommée par les trains, des émissions de raffinage des carburants, des émissions des aciéries et autres usines mises à contribution pour fabriquer avions, voitures et trains, sans oublier les émissions liées au fret intermédiaire entre les constructeurs de voitures et leurs sous-traitants, qui tiendra lui-même compte des émissions des usines qui ont construit les camions concernés...

*Les leçons du bilan carbone*

C'est ce principe de poupées russes qui a gouverné la mise au point du bilan carbone, dont votre serviteur a l'insigne honneur d'être l'auteur. Cette approche regroupe les émissions dont dépend une entité par grand poste dans cette entité ou en aval (ce qui concerne l'utilisation des produits vendus ou leur élimination après usage). Elle peut s'appliquer soit aux activités productives (y compris les administrations, de l'État ou des collectivités, qui d'un point de vue physique produisent des services ou des informations), soit aux individus.

Pour mieux comprendre, nous allons prendre comme premier exemple une activité de production et de distribution d'eau potable, puis de collecte et d'épuration des eaux usées. Pour une telle activité, personne ne s'attend à ce qu'il y ait des émissions directes de gaz à effet de serre : où sont les chaudières

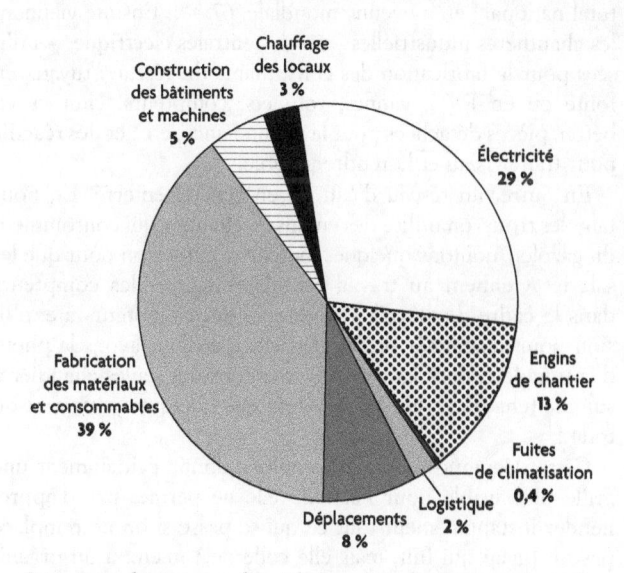

- Chauffage des locaux : 3 %
- Construction des bâtiments et machines : 5 %
- Électricité : 29 %
- Fabrication des matériaux et consommables : 39 %
- Engins de chantier : 13 %
- Fuites de climatisation : 0,4 %
- Logistique : 2 %
- Déplacements : 8 %

*Répartition des émissions liées à la fourniture d'eau et à son épuration pour une exploitation française représentative. Fabriquer les pièces industrielles utilisées pour construire et maintenir le réseau, et les réactifs pour rendre l'eau potable (intrants) engendre 40 % du total ; le gazole des engins de chantier pour accéder au réseau, 13 %, et les déplacements (salariés, dont le relevage de compteurs ; clients), 8 %. Calculs de l'auteur.*

dans cette affaire ? De fait, il n'y en a pas beaucoup... mais cette activité dépend de chaudières situées « ailleurs ». D'abord celles des centrales électriques qui permettent de faire fonctionner le réseau (mise en pression, relevage de l'eau dans des châteaux d'eau, fonctionnement des machines de potabilisation de l'eau et des installations de la station d'épuration, etc.), puisqu'une partie de l'électricité dans le monde est produite dans des centrales à charbon, à gaz ou à fioul (en France, environ 10 % du total national ; en moyenne mondiale, 67 %). Ensuite viennent les chaudières industrielles – ou de centrales électriques – utilisées pour la fabrication des constituants du réseau : tuyaux en fonte ou en PVC, vannes, robinets, compteurs, citernes en béton, pièces détachées pour la maintenance, etc., et des réactifs pour traiter l'eau et la rendre potable.

En outre, un réseau d'eau est en général enterré. Et, pour faire les trous, on utilise des engins de chantier qui consomment du gazole. Ajoutons quelques moteurs à explosion pour que les salariés viennent au travail ou aillent relever les compteurs dans le cadre du travail, et quelques autres moteurs à explosion pour acheminer pièces et réactifs, et nous avons la photo d'ensemble... dans laquelle les émissions des seules chaudières sur site (chauffage) ne représentent que quelques pour cent du total !

Cette décomposition des émissions donne évidemment une grille plus lisible pour l'action : elle ne permet pas d'appréhender instantanément tout ce qui se passe si on ne remplace pas un tuyau qui fuit, mais elle colle déjà mieux à un organigramme que la nomenclature utilisée pour les inventaires nationaux. Et, surtout, cette vision s'affranchit des frontières : que le tuyau soit fabriqué en France ou ailleurs, il trouvera de toute façon sa place dans le paquet « intrants ». Si nous trouvons par la suite une manière astucieuse de distribuer de l'eau sans mettre autant de tuyaux, alors les émissions associées au renouvellement des tuyaux baisseront, et le climat futur en bénéficiera, quel qu'ait été le pays de fabrication des tuyaux.

Le découpage que nous venons de découvrir est celui que l'on trouve dans un inventaire d'émission d'une entreprise, où il s'agit d'évaluer les émissions dont une activité *dépend*, et non celles dont elle se sent responsable. Pour favoriser l'action, les sous-catégories (intrants, fret, etc.) se rapprochent généralement des fonctions identifiées dans un organigramme. La dépendance, dans l'exemple ci-dessus, se voit tout de suite : s'il devient impossible d'émettre pour faire des tuyaux en plastique ou en fonte, l'activité de distributeur d'eau s'en trouvera considérablement modifiée !

Évidemment, les postes dominants changent en fonction de l'activité. Si nous regardons une société de BTP, plus de 80 % des émissions sont concentrés dans la fabrication des matériaux mis en œuvre pour construire des bâtiments, des ponts ou des tunnels (acier et ciment, essentiellement) ; si c'est un opérateur de téléphone, c'est la fabrication des terminaux vendus (téléphones, mais aussi décodeurs ADSL ou tablettes numériques) et la construction et la maintenance du réseau qui représentent les trois quarts du total en France (l'électricité de fonctionnement du réseau et des terminaux est alors secondaire) ; si c'est un fabricant d'eau en bouteilles, la fabrication des bouteilles et le fret dominent… Que la hiérarchie des postes varie en fonction du type d'activité est une excellente nouvelle : cela veut dire que nous avons une information personnalisée, exploitable pour l'action, et non une valeur moyenne identique pour tous.

Cette approche peut aussi s'appliquer à une collectivité, pour les services qu'elle met en œuvre ou supervise (réfection de la voirie, construction et entretien des bâtiments scolaires, gestion des transports en commun, des équipements sportifs, d'un parc de logements sociaux ou de la restauration scolaire…), et bien sûr à un individu, pour tout ce qui est émis pour lui permettre de consommer.

Cette dernière lecture des émissions attribue alors à chaque élément de consommation *finale* d'un Français les émissions de gaz à effet de serre totales qui ont permis sa mise à disposition. La *consommation finale* correspond à tout ce qui est consommé dans un pays et n'est pas incorporé dans la production d'un nouveau bien ou d'un service. Il s'agit donc de ce que les ménages consomment tout au bout de la chaîne de production. Avec cette manière de voir, les émissions des centrales électriques, des usines et des camions disparaissent en tant que telles. En effet, les ménages n'achètent pas des usines et rarement des camions, mais des carottes, des vêtements, des voitures, du gaz et des services de santé. Pour chaque catégorie de biens ou services achetés, il faut faire un calcul pour savoir « combien il y a de gaz à effet de serre dedans » ; éventuellement cette quantité va varier selon que le bien a été produit en France ou non. C'est le principe du bilan carbone personnel, qui ramène tout au comportement du consommateur final.

Dans cette affaire, certaines émissions liées à la fabrication des produits ou services consommés par un Français ont bien lieu en France. Par exemple, les cimenteries qui fabriquent le béton utilisé pour construire des logements émettent essentiellement en France ; le ciment, matériau lourd et peu coûteux, voyage peu. D'autres émissions n'ont pas lieu chez nous, par exemple une partie de celles occasionnées par la fabrication des voitures, et la quasi-totalité de celles occasionnées par la fabrication des téléviseurs et ordinateurs, ou encore par la culture des oranges. À l'inverse, les émissions liées aux productions françaises mais exportées ne doivent pas se retrouver dans ce qui sert la consommation finale des Français. Du coup, le « total par Français » auquel nous parvenons en additionnant tout ce qui est lié à sa consommation finale n'a aucune raison de correspondre aux émissions de l'inventaire national divisées par le nombre d'habitants.

Parlons chiffres. L'inventaire national donne des émissions de l'ordre de 8 tonnes équivalent $CO_2$ par Français (hors puits), avec la répartition ci-dessous par gaz et par secteur.

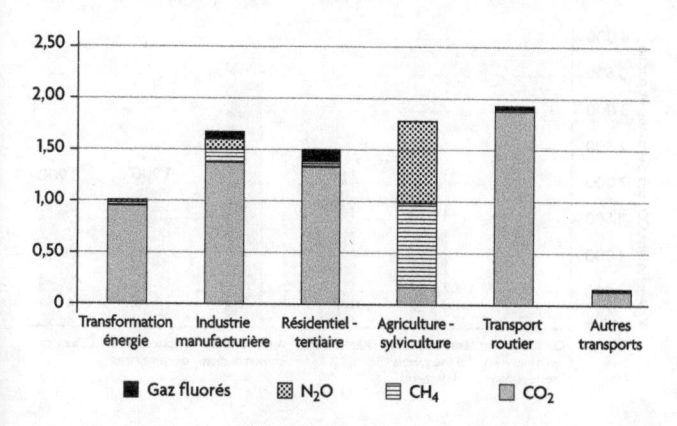

*Émissions par Français en 2009 au titre de l'inventaire national, par gaz et par secteur, en tonnes équivalent $CO_2$. Source CITEPA (format SECTEN), 2010.*

En voyant ce total, nous sommes tentés de penser qu'il faut agir fortement sur le transport routier (cochonneries de camions), pas mal sur la production de la nourriture (cochons d'agriculteurs), encore pas mal sur l'industrie (salauds d'industriels), et enfin sur le chauffage des bâtiments (là, on comprend quand même que c'est à nous de faire quelques efforts). De fait, tout n'est pas faux dans cette approche, mais cette dernière ne nous permet de voir qu'une partie du problème, et surtout déresponsabilise le consommateur final, qui apparaît peu en tant que tel.

Si nous prenons l'approche « bilan carbone du Français », qui incorpore toutes les émissions ayant servi à fabriquer les biens et services consommés par des Français (y compris ce qui est importé), alors le total passe à environ 10,5 tonnes équivalent $CO_2$ par personne, au lieu de 8 au titre de l'inventaire national.

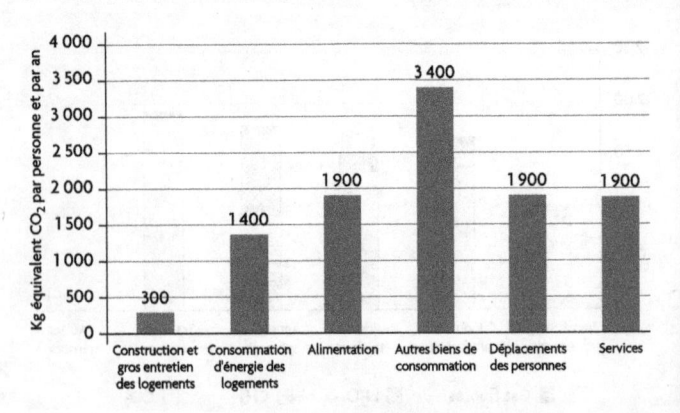

*Émissions de gaz à effet de serre liées à la consommation finale des Français en 2009, par grand poste, et ramenées à la population, en kg équivalent $CO_2$ (tous les postes sont arrondis à 2 chiffres significatifs). Source : Carbone 4 / TF1.*

C'est le principe de l'indicateur « ECO2 Climat » de TF1 (calculé par Carbone 4), créé juste avant Copenhague et qui peut être établi sur une base annuelle ou mensuelle. Le graphique ci-dessus donne sa valeur pour l'année 2009.

Le premier poste à gauche concerne les émissions annuelles de construction des logements neufs, réparties sur toute la population. En fait, cette répartition n'est qu'une commodité statistique : chacun d'entre nous ne se construit pas un mètre carré par an ! Mais, quand un ménage fait construire, cela conduit à l'émission de 44 tonnes de $CO_2$ pour 100 m² de logement (ces émissions proviennent surtout du ciment et de l'acier du gros œuvre d'un bâtiment en béton ; pour une construction en bois, c'est beaucoup moins), ce qui fait assurément beaucoup. Ces émissions de construction importantes, ramenées à l'année et à l'habitant, et complétées par les émissions de rénovation (peinture, moquette, petites extensions, couverture et plomberie, etc.) ne représentent alors « que » 300 kg équivalent $CO_2$ par personne et par an. En revanche, les émissions de construction des bâtiments commerciaux ou industriels ne sont pas incluses dans ce total : elles vont être incorporées dans les émissions des filières économiques qui permettent d'amener les biens et services au consommateur final. Les émissions de construction des centres commerciaux vont donc se retrouver dans les barres « alimentation » et « autres biens de consommation » ; les émissions de construction des hôpitaux, écoles, commissariats et casernes dans la barre « services » ; les émissions de construction des usines de voitures dans la barre « déplacements » pour les personnes et... dans les autres barres pour les camions (puisque le consommateur final n'achète pas de transport en camion, à l'exception – négligeable dans le total – des frais de livraison payés de manière séparée quand on achète une caisse de vin !).

La deuxième barre concerne l'énergie des logements. On y trouve les émissions des chaudières des logements (chauffage et eau chaude), ainsi que les émissions de production de l'électricité consommée par ces derniers, y compris celle qui est importée d'Europe quand la France consomme plus qu'elle ne produit. En revanche, le chauffage des hôpitaux et des écoles va dans « services », l'électricité consommée par les agences bancaires aussi, et l'électricité consommée par les usines ira dans « autres biens de consommation », ou dans « alimentation » si c'est une usine de pâtes. Dans cette barre, c'est l'usage *in situ* des combustibles fossiles qui domine, la production de l'électricité étant secondaire.

La barre « alimentation », quant à elle, concerne tout ce que nous mangeons et rien que cela. Mais elle inclut le transport en camion (et marginalement en avion et en bateau) de la nourriture, les émissions des usines d'engrais permettant de faire pousser le maïs qui ira ensuite nourrir les vaches, les émissions de protoxyde d'azote des champs suite à l'épandage des engrais, les rots de méthane des vaches, etc. Dans cet ensemble, ce sont les produits d'origine animale qui se taillent la part du lion (sans mauvais jeu de mots), comme le montre le graphique ci-dessous :

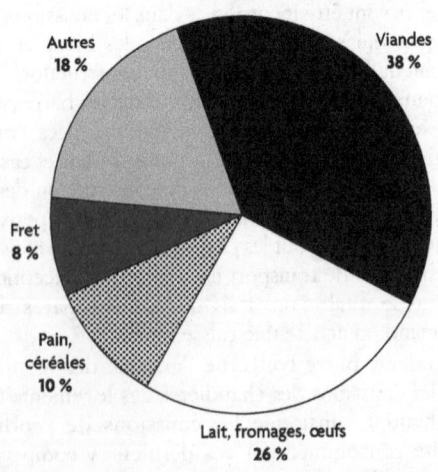

*Répartition par catégorie d'aliments des émissions liées à l'alimentation des Français. Dans les viandes, le bœuf représente l'essentiel, de même que les produits d'origine bovine dominent dans l'ensemble « lait, fromages, œufs » (les œufs sont marginaux). Source : Carbone 4 (ECO2-climat).*

Puis vient la plus grande barre de cette nomenclature : les achats hors alimentation et hors logements neufs (l'achat d'un logement ancien ne figure nulle part, car c'est une simple transaction financière sans apparition d'un nouveau bien matériel). Ces achats incluent voitures, télévisions et téléphones, vêtements, détergents et DVD, aspirateurs et montres et, d'une manière générale, tout ce que nous pouvons trouver dans les rayons d'un magasin. Cette barre inclut aussi la construction et le chauffage des magasins pour la partie non alimentaire, le fret pour servir les points de vente, etc. À titre de comparaison, les émissions provenant des chaudières industrielles françaises ne représentent « que » 1,5 tonne équivalent $CO_2$ par personne et par an, soit moins de la moitié. Mais les deux chiffres recouvrent des choses très différentes : dans les émissions nationales, il n'y a pas l'électricité (comptée à part), et surtout pas les chaudières des usines étrangères – et les centrales électriques qui alimentent ces mêmes usines – qui ont fabriqué une large part de ce qui parvient dans nos magasins. « Made in ailleurs » est devenu monnaie courante dans nos achats... surtout d'électronique et assimilé, qui représentent désormais 600 kg équivalent $CO_2$ par personne et par an dans cet ensemble. Si nous faisons le total des émissions de fabrication des appareils électroniques achetés par les particuliers et par les entreprises en France, nous montons à près de 10 % du total, alors que ce poste n'existait quasiment pas en 1990 !

Les « déplacements de personnes » qui viennent ensuite, c'est bien sûr notre bien-aimée voiture, mais aussi l'avion, qui pèse à peu près un quart du total et qui est essentiellement absent des inventaires nationaux. À nouveau, nous n'avons compté ici que les déplacements personnels, y compris pour aller au travail, mais pas les déplacements dans le cadre du travail (rendez-vous des commerciaux, tournées des VRP, visite à un fournisseur, etc.), et pas plus les déplacements en utilitaires (les « camionnettes » des plombiers et commerçants des marchés). Les trajets en avion pour motif professionnel (à peu près 50 % du trafic aérien, et ce pourcentage est très supérieur à 50 % dans les classes « affaires » et « première ») sont également exclus de ce poste.

Enfin, la dernière barre concerne les services. Tous les services, en effet, ont besoin d'un support physique : les services de santé ont besoin de bâtiments construits (acier et ciment) et chauffés (émissions directes), utilisant des appareils technologiques et des médicaments fabriqués par des usines. Les banques ou les coiffeurs ont besoin de bâtiments chauffés, d'ordinateurs ou de fabricants de shampoing, et utilisent des camions pour se faire livrer le papier des relevés de banque ou les laques exposées en vitrine. Tout cela implique l'existence de chaudières « ailleurs en amont » dont les émissions se retrouvent dans le poste « services » avec la nomenclature que nous avons ici. La « production » de ces services engendre des émissions supérieures à celles du chauffage de nos logements !

*C'est le petit bilan qui monte, qui monte...*

Ce bilan carbone du Français donne à l'évidence une image qui colle beaucoup mieux à notre consommation réelle. Mais, en passant de l'inventaire national au bilan carbone, nous n'allons pas aimer le résultat : contrairement à l'idée que nous nous en faisons en regardant les émissions tricolores (celles de l'inventaire national), qui baissent, le bilan carbone du Français augmente ! En effet, de 1990 à 2009, les émissions métropolitaines de l'inventaire national ont baissé, passant de 566 à 504 millions de tonnes équivalent $CO_2$ (soit environ 10 % de moins). Comme notre référence est l'engagement auquel la France a souscrit dans le cadre du protocole de Kyoto, à savoir une stabilisation des émissions entre 1990 et 2008, nous avons coutume de dire que nous sommes très bien partis. Mieux encore : la population étant passée de 55 à 63 millions d'individus en métropole dans ce laps de temps, les émissions par personne (toujours au sens de l'inventaire national) sont passées de 9 à 8 tonnes équivalent $CO_2$. Cocorico ! Mais... dans le même temps, le bilan carbone d'un Français, lui, est passé d'environ 9 à environ 10,5 tonnes équivalent $CO_2$, soit 15 % de plus ! Et, si nous prenons les émissions liées à la consommation finale de tous les Français, nous obtenons plutôt une hausse de 30 %. Clairement, nous ne sommes pas sur la bonne voie en termes d'habitudes de consommation : alors que nous croyions avoir diminué « nos » émissions de 10 %, elles ont en réalité augmenté de 30 %.

Le fait d'incorporer les émissions importées peut changer significativement la donne : la Suisse, souvent citée en exemple pour ses émissions domestiques basses (y compris par habitant), grâce à l'isolation de ses logements, à son bois de chauffage, à son électricité hydraulique et nucléaire, double quasiment ses émissions par habitant si on considère l'approche « consommation finale » au lieu de l'approche « émissions domestiques ». L'inconvénient de cette approche calée sur la consommation finale, c'est qu'elle souligne de manière brutale que le miracle technologique ne va pas suffire à faire diminuer les émissions sans modification lourde des habitudes. Si la filière bovine représente les deux tiers du poste « alimentation » en France, quel miracle va empêcher les vaches de ruminer et de faire des bouses si nous voulons toujours autant de steacks ? Comment baisser d'un facteur 3 à 4 les émissions du poste « biens de consommation » sans... moins consommer ? Et comment diminuer d'un facteur 4 les émissions du poste « services » en exigeant toujours autant de lits d'hôpital et de salles de classe ?

Or, comme nous l'avons vu au chapitre précédent, pour préserver le système climatique, il faut diviser par 3 les émissions planétaires de $CO_2$, actuellement d'environ 40 milliards de tonnes par an. Si tout le monde se voyait attribuer le même « droit à émettre pour sa consommation finale », avec 8 milliards d'habitants (hypothèse basse), cela nous amène à environ 1,5 tonne de $CO_2$ par personne et par an. Ajoutons un peu de méthane et de $N_2O$, et l'on arrive à 2 tonnes tout rond. C'est le cinquième du bilan carbone actuel d'un Français ! Tel est le chiffre magique qui correspond à ce que peut émettre un Terrien dans un monde qui veut échapper à un changement climatique mortifère.

Voilà qui fait comprendre l'immensité du défi : en France, les services publics à eux seuls nous amènent aux 2 tonnes en question. Et la conférence de Copenhague, que nombre d'ONG ont été si promptes à considérer comme un fiasco, débouchait pourtant sur l'affirmation par les chefs d'État de cet objectif implicite : ramener le bilan carbone du Terrien à 2 tonnes équivalent $CO_2$. L'accord de Copenhague, en effet, précise qu'il faut limiter à 2 °C la hausse de la température planétaire depuis 1750, ce qui implique une division par 3 des émissions mondiales d'ici 2050. Il est facile de comprendre qu'il faudra un peu plus que les injonctions de Greenpeace pour y parvenir…

Malgré ce qu'elle permet d'appréhender, ou peut-être justement à cause de l'ampleur des défis qu'elle permet de révéler, la comptabilité carbone a fait du chemin. En France, des milliers d'acteurs (entreprises, établissements publics, collectivités) ont fait – plus ou moins sérieusement – une première incursion dans ce domaine, soit par le biais d'un bilan carbone, soit avec des calculs plus ciblés. À la suite du Grenelle de l'environnement, cette affaire est même entrée dans la loi : tout acteur significatif (entreprise de plus de 500 salariés ou collectivité locale de plus de 50 000 habitants) a désormais l'obligation de tenir des « comptes carbone ». Tout ce qui va dans ce sens aidera assurément les activités productives à mieux anticiper les contraintes que nous allons désormais tenter de hiérarchiser, même si le MEDEF ne s'en est pas encore rendu compte.

Et il n'était que temps !

*Chapitre V*

# QUAND ON AIME, ON NE COMPTE PAS

La vie n'a pas de prix. Euh... cette affirmation est plus ou moins vraie selon qu'il s'agit de nos proches ou de parfaits inconnus ! Nous sommes tous prêts à dépenser le dernier euro de nos économies pour sauver un de nos enfants d'une mort certaine, mais devenons plus réticents à l'idée de dépenser 0,01 % de nos revenus pour contrer la criminalité à Los Angeles ou les épidémies à Lagos. C'est justement parce que la vie a un prix, ou non, selon le degré de proximité avec l'individu concerné, qu'elle a un coût. Le coût de la vie, c'est tout simplement ce que la société paye, en moyenne, pour éviter un décès ou « réparer » le dommage quand une vie est perdue. Il peut s'agir ici du capital décès versé par les compagnies d'assurance, là de la dépense pour opérer un enfant de l'appendicite, ici encore de ce que les caisses de retraite vont verser en pensions de réversion aux conjoints survivants, et enfin là de ce que coûteront les contrôles de police et de gendarmerie pour éviter cinq cents morts supplémentaires sur la route.

## *Combien coûte un ours blanc ?*

L'une des grandes différences, quand on passe du prix au coût, est que le premier suppose un individu qui paye, et il aura souvent une charge émotionnelle associée à son acte, d'autant plus élevée que le prix ou la récurrence le sont. Le coût fait passer à quelque chose de plus collectif, car il est souvent basé sur des moyennes observées ou calculées, et l'indication qui en découle peut orienter la prise de décision pour qui gère les affaires publiques. Même si cela peut paraître sordide, dès lors que la quantité d'euros à dépenser est limitée, il devient légitime de se demander si la collectivité doit plutôt les dépenser pour sauver mille conducteurs imprudents ou vingt malades de Parkinson.

Dans le même esprit, il est évident que les ours polaires ou la forêt amazonienne n'ont pas de prix. Ou, plus exactement, le prix de la biosphère dans son ensemble est infini : sans elle, l'espèce humaine deviendrait immédiatement un vestige du passé ! Par exemple, si une pollution généralisée quelconque devait inhiber la photosynthèse, la totalité des hommes disparaîtraient de la planète en quelques mois. En revanche, la préservation des ressources indispensables à notre épanouissement futur a indiscutablement un coût. De ce point de vue, il est tout aussi légitime que dans l'exemple précédent de se demander si des millions d'euros doivent être avant tout affectés au sauvetage du loup, à la mise en œuvre d'une nouvelle aire marine protégée, ou à l'isolation thermique de quelques centaines de logements pour éviter à la fois d'émettre du $CO_2$ et d'utiliser un gaz et un pétrole qui vont être de moins en moins abondants à l'avenir.

Mauvais débat, diront les militants les plus visibles de la cause environnementale : il faut tout faire. Sauf que les limites – en temps ou en argent – sont inhérentes à notre misérable existence terrestre, et la noblesse de la cause ne les fait pas disparaître. Le discours des militants radicaux sur la défense de l'environnement s'apparente au slogan des médecins qui réfutent une approche comptable des soins : pas de contrôle de gestion chez moi, puisque je ne fais que le bien ! Pourtant, dès lors que le même euro ne peut pas être dépensé deux fois, l'approche comptable est indispensable. Sinon, au lieu d'être arbitrées sur la base de critères explicités, les décisions sont prises sur la base de critères affectifs, propres au décideur, sans aucune garantie pour l'optimum collectif.

Ce refus de l'approche comptable par les militants les plus passionnés de la cause n'est pas seulement un point de détail. Il traduit d'abord le refus de tout choix, parce que choisir suppose d'abandonner la quête d'un monde merveilleux où nous serions débarrassés d'un coup de baguette magique de tout ce qui nous enquiquine. Les choix, arbitrages, ordres de priorité et autres compromis sont le lot du gestionnaire, triste personnage en costume gris, qui ne peut être au service de nos héritiers et encore moins des baleines ! Choisir, c'est renoncer, et gérer, c'est se compromettre, or ni la compromission ni le renoncement ne sont acceptables pour des militants passionnés. Ces derniers ne peuvent donc que difficilement proposer des mesures de gestion, puisque ces dernières supposent toutes, à un degré ou à un autre, l'expression d'un choix, et donc, en creux, celle d'un abandon. Il y a une autre raison à ce refus d'une approche de gestionnaire par les militants : gérer, c'est parler argent, or l'argent représente justement l'étalon de référence des fauteurs de troubles. Si les pollueurs ne pensent qu'à l'argent, ceux qui proposent qu'il y ait moins de pollution ne peuvent pas s'y mettre eux aussi ! Pourtant, parler argent, ce n'est rien d'autre que gérer des ressources finies, à commencer par notre propre temps. On peut même utilement argumenter que préserver l'environnement est la conclusion logique quand on parle d'argent avec les bonnes méthodes !

En matière d'énergie, cette vision idéalisée et « a-économique » conduit à vouloir se débarrasser en même temps du charbon, qui pollue localement et contribue de manière massive aux émissions de $CO_2$, du pétrole, qui finance des régimes corrompus et contribue à alimenter le diable automobile, du nucléaire, qui va empoisonner nos enfants pour des milliers d'années, parfois du gaz (un peu moins quand même, car le gaz est « naturel », n'est-ce pas ?), des grands barrages, qui noient des terres et embêtent poissons et populations locales, et des cultures d'eucalyptus, qui permettent d'obtenir rapidement du bois de feu parfaitement renouvelable mais qui sont une calamité pour la biodiversité. En bref, il ne reste que les éoliennes et les panneaux solaires pour recueillir tous les suffrages, même si ces deux modes de production représentent respectivement 0,5 % et 0,03 % de l'approvisionnement énergétique mondial (et, en France, environ 0,2 % et 0,02 %). La transition énergétique doit par ailleurs se faire sans hausse du coût de l'énergie, pour ne pas pénaliser les plus démunis, tout en forçant les consommateurs à consommer moins, ce qui est impossible sans hausse de prix, à moins de procéder par rationnement, rarement assumé de manière ouverte. Cette absence de hausse de prix doit aussi avoir lieu alors que les énergies renouvelables, en particulier électriques, coûtent vingt à cinquante fois plus cher à produire par kWh que les énergies fossiles. Comprenne qui pourra ! En fait, il n'y a rien à comprendre : pour les raisons évoquées ci-dessus, les opposants à tout ce qui empêche le monde d'être merveilleux sont bien armés pour dénoncer, moins pour proposer. Leurs suggestions pour faire autrement, quand elles existent, sont souvent des accessoires de la proposition principale, qui est de se battre contre une technologie ou une pratique données. Passer de la dénonciation du problème à sa gestion demande de changer de méthodes, puisque l'essentiel du temps doit être consacré à dessiner une solution, avec des priorités et un raisonnement économique, et non à souligner ce qui cloche, et cela demandera souvent de changer d'acteur.

En ce qui concerne notre sujet, à savoir la contrainte carbone, ce souci d'efficacité et de pragmatisme doit par exemple conduire toute suggestion à être accompagnée de deux informations essentielles : le potentiel d'économies de la mesure proposée, en valeur absolue, et le coût en euros à la tonne de $CO_2$ évitée. Plus ce dernier est élevé pour un potentiel global faible, plus on peut considérer que l'on a affaire à une fausse bonne idée, que le bon sens commande alors de laisser de côté, au moins dans un premier temps.

Est-ce que cela serait être « contre » l'environnement que de militer pour l'abandon des mesures qui sont sans grande portée, pour les remplacer par des actions qui seront d'un bien meilleur rapport $CO_2$/prix ? Au motif que la défense de l'environnement a été jusqu'à maintenant portée le plus souvent par des gens qui ont un discours affectif, et qui sont assurément essentiels dans ce registre pour nous amener à nous poser des questions, faut-il s'interdire toute approche de saine gestion dans la manière dont nous allons résoudre le problème une fois qu'il est accepté par tous, ou presque tous ?

Évidemment, si la société possédait des forces de rappel la conduisant naturellement à sélectionner d'abord les mesures les plus efficaces en matière de coût à la tonne de $CO_2$ évitée, cette question n'en serait pas une. Mais ce n'est pas en fonction de la plus pure logique comptable que la société choisit ses mesures prioritaires. Pour comprendre comment ce choix s'opère, il suffit de se rappeler qu'une démocratie, c'est le pouvoir confié aux électeurs. Or ces derniers sont parfois employés par une société commerciale qui a ses propres intérêts, préfèrent généralement recevoir sans payer que payer sans recevoir, aiment être les derniers à avoir le droit de construire quelque part, considèrent le plus souvent qu'ils valent mieux que la moyenne, et enfin doivent se décider sur la base d'une information qui est toujours partielle. Dès lors, il n'est pas étonnant que les mandataires de ces mêmes électeurs, c'est-à-dire les élus, au surplus pas toujours mieux informés que leurs électeurs, aient des critères de choix qui ne sont pas l'expression de la rationalité la plus pure. Faut-il s'en plaindre ? Vaste débat…

Du coup, quand la puissance publique prend une mesure, elle est bien plus en accord qu'il n'y paraît avec le système de valeurs des électeurs. Comme nous n'aimons pas être contraints, la puissance publique préférera dire qu'elle va accroître l'offre (éoliennes ou même centrales nucléaires) plutôt qu'elle va maîtriser la demande, c'est-à-dire la faire baisser. Et, quand c'est la réduction de la demande qui est visée, c'est souvent à coups de chèques pour les solutions « propres », et non de taxes pour les solutions « sales ». Le principe pollueur-payeur, il est surtout souhaitable pour ces cochons d'industriels, mais sûrement pas pour moi, qui fais déjà assez d'efforts comme cela ! Nous allons donc préférer les subventions (aux fenêtres et aux chaudières) à la taxe carbone, alors que l'expérience montre que les premières sont de nul effet ou presque sur la consommation globale, à cause d'effets rebond. Et c'est bien comme cela que le gouvernement a procédé après le Grenelle de l'environnement : en subventionnant, non en taxant ! Petite revue de détail.

## Le retour des moulins à vent

L'éolien est devenu l'emblème de la lutte contre le changement climatique. Vous souhaitez sauver le climat ? Alors vous devez soutenir l'éolien partout et en tous lieux, et, si vous ne le faites pas, c'est que vous êtes rien qu'une bande de mécréants, point. Obama peut bien avoir échoué à faire passer une loi sur l'énergie et le climat au Congrès, il peut bien être le président d'un pays qui continue à consommer 25 % du pétrole mondial, tant que les milliards coulent à flot pour subventionner l'éolien, nombre de journalistes le considéreront comme un président agissant ! Mais que disent les chiffres ?

En 2009, l'éolien mondial représentait 160 GW de puissance installée. Si nous estimons que ces installations produisent l'équivalent de 1 800 heures à pleine puissance dans l'année (en

Allemagne, qui avait cette année-là le premier parc au monde avec 25 % du total, c'est plutôt 1 500, en zone côtière, plutôt 2 000, et en offshore cela peut monter à 3 000), elles auront permis d'extraire du vent environ 300 TWh de janvier à décembre. Cela représente environ 1,4 % de la production électrique mondiale de 2009. Selon la manière de compter l'électricité, le vent aura alors fourni 0,2 % (équivalence finale) ou 0,6 % (équivalence primaire) de la consommation énergétique mondiale.

Zéro virgule quelque chose pour cent, cela fait peu. Mais tout partisan de l'éolien ajoutera immédiatement que la production éolienne augmente d'environ 30 % par an. Admettons que cela se prolonge pendant trente ans : la totalité de l'approvisionnement énergétique – qui aurait doublé entre-temps – pourrait alors provenir de l'éolien. Merveilleux ! Sauf que… cela est peu probable.

La première raison à ce pessimisme vient de l'histoire : alors que les énergies fossiles sont considérablement plus faciles à extraire de l'environnement que l'énergie du vent (le coût humain d'extraction d'un kWh de pétrole du désert saoudien est de l'ordre de 0,3 centime d'euro, contre 6 à 15 centimes pour extraire un kWh du vent en Europe), ces premières n'ont crû que de 20 % par décennie… la ou les deux première(s) décennie(s) de leur utilisation.

Le graphique ci-dessous montre que l'usage du pétrole a augmenté de 22 % par an en moyenne de 1860 à 1880 (c'est le sens de la valeur de 22 % pour l'an 1880), mais très vite ce pourcentage de croissance moyenne sur deux décennies est descendu sous 15 %, puis sous 10 %. L'usage du charbon a crû de 5 % par an en moyenne jusqu'en 1910, et depuis ce pourcentage a oscillé entre 2 et 3 % par an. Même chose avec le nucléaire ou l'hydroélectrique : (très) fort taux de croissance au début, puis baisse progressive jusqu'à descendre sous la barre des 5 % par an, où toutes les énergies matures convergent.

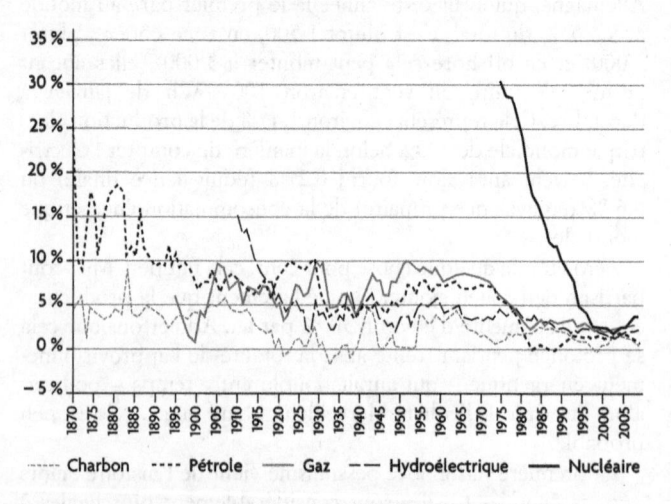

*Taux de croissance annuel moyen de la consommation mondiale pour chaque grande source d'énergie, en moyenne glissante sur vingt ans (la date du point est la date de la dernière année de la période de vingt ans). Sources Shilling et al. (énergie avant 1965) et BP Statistical Review 2010 (énergie après 1965).*

Toutes les énergies qui figurent sur ce graphique coûtent moins de 1 centime le kWh (thermique) pour les énergies primaires fossiles (charbon, pétrole ou gaz), et de l'ordre de 3 à 5 pour les énergies finales appelables à la demande (nucléaire, hydraulique). Il paraît alors évident qu'une énergie intermittente et fatale[1] comme l'éolien, qui coûte de 8 à 15 centimes le kWh, ne va pas croître de 30 % par an pendant trente ans pour

---

1. Fatale signifie ici que nous ne décidons pas du moment où le vent souffle.

se substituer à des énergies qui valent considérablement moins cher, même avec un $CO_2$ à 100 euros la tonne. Rappelons-nous que, historiquement, c'est le pétrole qui a supplanté le vent parce qu'il demandait considérablement moins de travail humain pour extraire un kWh de l'environnement !

La seconde raison vient d'un fait élémentaire : ce moyen de production est intermittent et fatal. La puissance effective fournie par un parc éolien oscille entre 2 % et 80 % (très rarement plus) de la puissance installée, en fonction du jour, voire de l'heure dans la journée. En Europe, cela reste vrai au niveau d'un pays dans son ensemble : même en mettant des éoliennes à des tas d'endroits différents, en comptant sur les différents régimes de vent, il arrive que la puissance injectée sur le réseau soit de 1 % ou 2 % de la puissance installée. Et, dans tous les cas de figure, elle varie facilement d'un facteur 3 ou 4 en l'espace de un ou deux jours.

Comme la consommation électrique d'un pays ne varie pas si vite (en France, la puissance appelée varie de 15 à 20 GW au cours d'une journée, pour un maximum qui va de 50 à 90 GW selon que l'on est en été ou hiver), on ne peut pas avoir une contribution importante d'éolien seul, puisqu'en pareil cas il n'y a pas de certitude que le vent soufflera bien au moment où arrivera la pointe du soir, à la tombée de la nuit. Du coup, il faut doubler quasiment tout kilowatt installé en éolien par un kilowatt installé qui fonctionne avec autre chose, pour garantir la fourniture d'électricité. Cela peut être soit du stockage hydraulique (en simplifiant à peine, on remonte l'eau dans des barrages quand il y a beaucoup de vent et on turbine l'eau quand le vent tombe) ou... un moyen de production électrique qui démarre à la demande. Comme l'amplitude de variation quotidienne de l'éolien ne permet pas de mettre du nucléaire, qui peut baisser très vite mais pas remonter très vite pour des raisons liées à la gestion des neutrons dans le cœur, il faut employer soit de l'hydraulique, soit du gaz.

De ce fait, les systèmes électriques européens qui ont mis un grand coup d'accélérateur sur l'éolien ont aussi développé – ou conservé – un parc fossile important, qui en pratique fournit 3 à 4 kWh quand l'éolien en fournit 1. Il n'existe pas de système éolien pur ; un système éolien est toujours couplé avec un autre. Hors stockage électrique massif à bon marché (le plus compétitif étant les retenues de barrage), et en conservant beaucoup de centrales à gaz, l'éolien plafonnera à 15 à 20 % de la production électrique, qui elle-même représente environ 40 % de la consommation d'énergie primaire dans le monde.

Ces limites physiques doivent logiquement se retrouver dans le « coût à la tonne de $CO_2$ évitée » de l'éolien. Pour faire correctement le calcul, il faut se rappeler que l'éolien n'évite pas l'installation d'un autre moyen de production, mais évite d'utiliser cet autre moyen quand le vent souffle. En première approximation, le coût à la tonne de $CO_2$ évitée par une éolienne est donc le coût du gaz ou du charbon qui ne sera pas utilisé par la centrale à gaz quand le vent souffle, voire de l'eau qui ne sera pas turbinée si nous sommes en Scandinavie et que, en face des éoliennes danoises, nous trouvons les barrages norvégiens et suédois. De fait, le Danemark ne consomme pas l'essentiel de son électricité éolienne, car il en produit bien trop pour ses propres usages quand le vent souffle. Il la vend alors aux autres pays scandinaves, qui coupent leurs barrages – ou leurs centrales à gaz – à ce moment-là. Il vendra logiquement à un prix souvent très inférieur au prix de revient (la différence est comblée par des subventions)[1].

---

[1]. En économie de marché, un électricien qui possède un barrage n'achète un kilowattheure éolien au lieu de faire fonctionner son barrage que si le kilowattheure éolien est vendu moins cher que le prix de revient du kilowattheure hydraulique. Or le coût marginal de ce dernier est quasi nul, et donc le Danemark ne peut exporter ses kilowattheures qu'en les vendant à perte par rapport à leur coût de revient.

Admettons que l'éolien évite d'utiliser pour partie une centrale à gaz déjà existante. Un kilowattheure électrique au gaz engendre 400 grammes de $CO_2$, et demande 3,5 centimes de gaz (avec un gaz à 20 euros le MWh et un rendement de centrale à 55 %). Un kilowattheure éolien coûtant 8 centimes environ, quand il évite un kilowattheure de gaz, nous avons donc payé 4,5 centimes (soit 8 – 3,5) pour ne pas émettre 400 grammes de $CO_2$ (dans ce calcul, nous négligeons les émissions liées à la construction de la centrale à gaz et de l'éolienne, qui sont marginales). La tonne de $CO_2$ évitée vaut alors 112 euros. Si maintenant l'éolien permet d'éviter l'utilisation d'une centrale à charbon existante, qui émet 800 grammes de $CO_2$ par kilowattheure électrique, avec un coût de combustible d'environ 2,5 centimes par kilowattheure, nous descendons à 70 euros par tonne de $CO_2$ évitée. Mais, si l'éolien permet d'éviter de l'électricité hydraulique, avec un coût du combustible nul ou à peu près, et un « contenu en $CO_2$ » marginal qui est nul, alors le coût à la tonne de $CO_2$ évitée est infini ! Si l'éolien se substitue au nucléaire, dont le coût de combustible est de l'ordre de 0,2 centime par kilowattheure, et qui émet de l'ordre de 5 grammes de $CO_2$ par kWh (pour le cycle du combustible, la construction et le fonctionnement de la centrale), alors le coût à la tonne de $CO_2$ évitée monte à 16 000 euros. Les calculs ci-dessus ne sont valables que si l'installation de l'éolienne est postérieure à celle de la centrale fossile économisée, pour économiser du combustible, sinon c'est un autre raisonnement qui s'applique.

Évidemment, si le coût du gaz doit tripler à l'avenir, alors le coût à la tonne de $CO_2$ évitée baissera d'un facteur 3… tant qu'il y aura du gaz. En effet, construire ou conserver un parc éolien important oblige à avoir ailleurs sur le réseau un parc de production de pointe d'une puissance à peu près équivalente. Si le relief ne permet pas de construire des barrages, alors ce sera souvent du gaz, vis-à-vis duquel on crée une dépendance qui dure aussi longtemps que le parc éolien. Si la décision principale est de faire des éoliennes dans un pays qui n'a pas déjà beaucoup de centrales à gaz, alors il faudra construire ces dernières en même temps que les éoliennes, et l'ensemble n'évite pas du $CO_2$ dans tous les cas de figure : tout dépend de ce que l'on aurait fait à la place ! Si l'on n'a rien construit du tout, l'ensemble « éolien + autre chose » rajoute du $CO_2$, si l'on a fait du nucléaire, alors l'ensemble « éolien + autre chose »… rajoute aussi du $CO_2$. En pareil cas, il n'y a pas de coût à la tonne de $CO_2$ évitée, puisqu'il n'y a pas de $CO_2$ évité ! Bref, dès qu'il y a une éolienne quelque part, on dit à la population que l'on fait propre, alors que l'on peut faire aux trois quarts du sale. C'est exactement ce qui est arrivé aux Espagnols, qui aujourd'hui sont devenus importateurs de gaz (ils n'en produisent pas) à cause de leur choix de développement de l'éolien au moment où ils développaient leurs capacités électriques. Si nos amis ibères, au lieu d'installer 15 GW d'éolien (plus 15 GW de gaz pour aller en face) et 5 GW de charbon (qui tourne toute l'année), avaient construit 20 GW de nucléaire, ils auraient produit la même électricité de base (environ 100 TWh) pour deux fois moins cher, tout en évitant environ 45 millions de tonnes de $CO_2$, soit 13 % de leurs émissions nationales de ce gaz. Treize pour cent, ce n'est pas rien : le retournement économique que l'Espagne a connu entre 2008 et 2009, grâce au pétrole et aux subprimes réunis, n'a supprimé « que » 11 % de ses émissions nationales… d'une manière autrement plus douloureuse que si le pays avait accepté du nucléaire ! Cet éolien n'a donc que très marginalement infléchi le parcours des émissions espagnoles (au sens de l'inventaire national), qui avaient augmenté de 67 % de 1990 à 2007.

L'indicateur « coût à la tonne de $CO_2$ évitée » permet donc de mettre un peu de raison dans des débats passionnés, qui, sans cette aide, conduiront souvent à des actions déraisonnables, parce que mal situées dans l'ordre de mérite réel. Que, tant qu'elle conserve des centrales à charbon, l'Allemagne investisse massivement dans l'éolien n'est pas idiot, car cela évite du $CO_2$ à un coût tout à fait raisonnable. Mais il faut bien sûr que le plan d'ensemble soit ensuite de remplacer l'ensemble charbon + éolien par du nucléaire ou du charbon avec capture et séquestration, pour ne pas rester « prisonnier » d'un charbon qui vient contrebalancer l'intermittence de l'éolien (aucun espoir de construire des barrages en Allemagne). En France, l'équation n'est pas du tout la même : installer de l'éolien dans un pays qui a 75 % de nucléaire et 15 % de barrages n'a pas d'intérêt du point de vue du $CO_2$. Au-delà d'un seuil assez faible (quelques pour cents de la production nationale), cela aura même l'effet contraire, puisqu'il faudra ajouter des centrales à gaz pour compenser l'intermittence induite... De même, installer des éoliennes dans des pays déjà dotés de barrages ne se justifie que pour augmenter la production électrique, pas pour éviter du $CO_2$ à production électrique constante. C'est la raison pour laquelle ni les Suédois ni les Norvégiens, pourtant très écolos, n'ont massivement développé l'éolien, bien plus cher que l'hydroélectricité ou le nucléaire, bien plus malcommode à gérer pour un opérateur, et sans bénéfice $CO_2$ supérieur.

L'indicateur de coût à la tonne de $CO_2$ évitée permet donc de replacer une idée dans son contexte, afin d'arbitrer entre deux positions : « c'est une action prioritaire dans le contexte considéré » et « cela n'a pas d'intérêt économique pour atteindre le but visé dans le contexte donné ». Cela ne signifie pas que l'on soit contre le but visé, sophisme trop souvent mis en avant par certains partisans des moulins à vent modernes.

Avant d'appliquer ce genre de petit calcul à d'autres mesures en vogue, finissons sur l'éolien par une remarque amusée, qui montrera bien que la politique a ses raisons que la raison ignore. Dans l'Hexagone, les puissances éoliennes installées les plus importantes se situent préférentiellement dans les zones... où il y a le moins de vent !

En octobre 2010, la première région en termes de puissance éolienne installée était la Picardie (pour l'essentiel dans les terres), avec 685 MW, soit plus qu'en Bretagne (510 MW) et plus que toute la puissance installée sur le littoral de Dunkerque à la baie du Mont-Saint-Michel. Devant la Bretagne, on trouve encore le Centre (540 MW), la Lorraine (550) et Champagne-Ardenne (520), qui font partie des régions les moins ventées de France. L'Auvergne (un « désert éolien ») accueille trois fois plus de puissance que la région PACA, qui est une des régions les plus ventées de France. Et la région Midi-Pyrénées (très peu ventée) a deux fois plus de puissance installée que la Haute-Normandie...

*Quand la démagogie s'empare des électrons...*

Quittons maintenant l'éolien pour nous intéresser au photovoltaïque, qui fait aussi partie des figures imposées quand il est question de la préservation de l'environnement. Comme pour l'éolien, un panneau photovoltaïque relié au réseau ne remplace pas une centrale « ailleurs », il permet seulement d'éviter de s'en servir quand le soleil brille. Pour remplacer la centrale, il faut que le panneau soit couplé à un dispositif de stockage et permette au consommateur de ne plus puiser sur le réseau, mais une généralisation de ce genre d'installation augmenterait considérablement la puissance installée en France, et coûterait des dizaines de fois plus cher, ce que nous allons montrer par un petit calcul simple. Aujourd'hui, pour satisfaire la consommation électrique des Français, le pays possède environ 110 GW de puissance installée, dont environ 50 % de nucléaire (la puissance typique d'une grosse installation de production – réacteur nucléaire, barrage, tranche à charbon – est de l'ordre de 0,5 à 1,5 GW ; pour le nucléaire, une centrale comporte généralement 4 réacteurs sur site). Admettons que chacun d'entre nous, au sein de nos 30 millions de foyers, de nos millions de bureaux et d'usines, produise sa propre électricité photovoltaïque, stockée localement. Il faudrait alors installer au moins 400 GW de panneaux pour produire localement les 450 TWh d'électricité consommés en France (à raison de 1 kWh produit par W installé et par an). Mais les besoins de pointe ne seront pas identiques partout (ce qui augmente les capacités installées à certains endroits), et le stockage consomme 20 % à 30 % de la production. Hop, voici environ 200 GW supplémentaires à prévoir. Par ailleurs, le kilowatt installé en photovoltaïque vaut de l'ordre de 5 000 euros actuellement, contre 3 000 en nucléaire, 1 500 en charbon et 500 en gaz. Admettons que nous souhaitions mordicus passer au solaire : nous aurions besoin de multiplier la puissance installée par 6 (600 GW au lieu de 100), et d'y consacrer douze à quinze fois plus d'argent qu'en mode centralisé. Et, dans ce calcul, nous n'avons rien compté pour le coût du stockage ! Pour stocker une journée moyenne de consommation d'électricité d'un foyer français (15 kWh), il faudrait environ 400 kg de batteries de voiture plomb-acide (35 Wh/kg). Même en enlevant le diabolique chauffage électrique, puisqu'un dispositif autonome devrait pouvoir stocker d'une saison à l'autre (la production solaire est maximale en été, la consommation électrique maximale en hiver), et même avec des technologies plus performantes, cela nous ferait sûrement dépasser les quelques tonnes de batteries par foyer !

Des batteries plus légères, de type « lithium ion », qui, pour les ordinateurs, coûtent de l'ordre de 500 à 1 000 euros le kilowattheure stocké, demanderaient, pour stocker 50 kWh par foyer, 1 500 milliards d'euros d'investissement au niveau du pays, ou encore une année de PIB. Bigre !

Revenons à la politique française actuelle de subvention du photovoltaïque raccordé au réseau. Il n'y a pas de stockage en pareil cas, mais, comme pour l'éolien, cela ne permet qu'une économie de combustible ailleurs, dans une centrale du réseau.

En revanche, la grosse différence avec l'éolien est que la fabrication du panneau ne produit pas des émissions de $CO_2$ marginales ramenées à la production future. En effet, la fabrication d'un panneau photovoltaïque nécessite une consommation énergétique importante, soit sous forme de chaleur, soit sous forme d'électricité (fondre du silicium cristallin est très énergivore). En pratique, fabriquer un panneau consomme à peu près l'énergie fournie par le panneau pendant trois ans (si le panneau est bien installé). Si le contenu en $CO_2$ de l'énergie utilisée pour fabriquer le panneau est plus élevé que le contenu en $CO_2$ de l'électricité du réseau « évitée » quand le soleil brille, alors le temps de « retour sur carbone », c'est-à-dire la durée au bout de laquelle le panneau a « remboursé » ses émissions de départ, peut être bien plus long. Dans le cas où les cellules en silicium ont été fabriquées en Chine et où le panneau est utilisé en France, le kilowattheure photovoltaïque est un peu plus riche en $CO_2$ que l'électricité de réseau ! Et ce n'est pas le transport depuis la Chine qui explique ce résultat, mais bien le fait que de l'électricité au charbon ait été utilisée pour la fabrication du panneau. En pareil cas, il n'y a pas de $CO_2$ évité, mais du $CO_2$ rajouté. En subventionnant le photovoltaïque, la puissance publique subventionne alors… une hausse des émissions (faible il est vrai, puisque tout cela porte sur des productions marginales).

C'est exactement ce qui se passe actuellement en France, où des tarifs de rachat d'électricité photovoltaïque très alléchants ont engendré une demande bien supérieure à l'offre française, et où une grande partie des panneaux installés viennent de Chine. Le résultat est que mes concitoyens subventionnent actuellement l'industrie chinoise à hauteur de quelques centaines de millions d'euros par an pour rajouter un peu de $CO_2$ dans l'atmosphère…

Admettons que l'industrie française puisse à l'avenir répondre à la demande française. Un panneau photovoltaïque fournirait alors des kilowattheures à environ 45 grammes de $CO_2$, soit la moitié de ce qui s'observe quand on soutire un kWh du réseau français. Compte tenu de la durée de vie d'un panneau (vingt-cinq ans), du coût d'installation (environ 5 000 euros le kilowatt) et de la production annuelle d'un kilowatt installé, la tonne de $CO_2$ évitée ressortirait à environ 12 000 euros (sans tenir compte du fait que l'électricité évitée est estivale, donc moins riche en $CO_2$ que la moyenne annuelle). Même dans ce cas, la mesure n'aurait pas de caractère prioritaire par rapport à d'autres manières bien plus intéressantes de dépenser l'argent des Français pour *poursuivre le même objectif*. Autrement dit, toute personne convaincue que le changement climatique est une priorité devrait décider d'arrêter demain matin les subventions à l'installation de panneaux photovoltaïques dans notre pays pour consacrer l'argent à des actions plus efficaces – elles ne manquent pas. Si d'aucuns veulent installer des panneaux à leurs frais, car cela symbolise leur engagement, libre à eux ! Mais, à ce niveau de coût à la tonne de $CO_2$ évitée, et compte tenu du fait qu'il n'y a pas d'enjeu industriel pour notre pays, il ne devrait pas y avoir un euro d'argent public mis dans cette mesure. L'argent n'est pas public, puisqu'il est essentiellement prélevé sur nos factures d'électricité par EDF et reversé par EDF aux possesseurs de panneaux solaires ? Le jésuitisme de l'argument n'échappera à personne. L'État peut bien s'être substitué EDF comme percepteur de l'impôt, la CSPE (qui, entre autres choses, finance le photovoltaïque) est un prélèvement obligatoire assis sur la consommation (d'électricité en l'espèce) et, de ce point de vue, elle fonctionne comme la TVA. En sortie du Grenelle, l'objectif du gouvernement était d'avoir 5 GW installés en 2020. Cela coûterait environ 25 milliards d'euros, totalement financés par la collectivité, pour un gain en émissions négatif puisqu'il s'agit essentiellement de panneaux importés de pays ayant une électricité très carbonée. À supposer qu'ils soient installés, ils produiront environ 5 TWh par an, soit 1 % de la production électrique actuelle du pays. Si nous tenons absolument à augmenter la production électrique, ou simplement à renouveler le parc existant, avec la même somme, il serait possible de construire 8 à 10 GW de puissance nucléaire (en version bien sécurisée, bien sûr !), produisant 50 à 70 TWh par an, tout en émettant moins de $CO_2$ pour la fabrication des dispositifs de production. Si ce nucléaire était réalisé pour substituer du charbon en Europe, le coût à la tonne de $CO_2$ évitée serait de l'ordre de 20 à 30 euros : cent à cinq cents fois moins qu'avec du solaire...

Ce n'est pas totalement un hasard si le photovoltaïque, aujourd'hui, ne représente que 0,02 % de l'énergie mondiale. Demandant des subventions massives pour pouvoir exister face à une énergie fossile dix à cent fois moins chère, ce mode de production n'existe probablement – quelle ironie ! – que comme appendice d'une économie terriblement productive parce que sous perfusion de combustibles fossiles. La logique voudrait donc que les subventions qui lui sont versées soient les premières victimes de la raréfaction de l'énergie fossile... et c'est peut-être comme cela qu'il faut comprendre ce qui a commencé à se passer fin 2010 et début 2011, à la faveur d'une récession... elle-même provoquée par les combustibles fossiles.

*Un tramway nommé dollar*

Quittons maintenant le monde des électrons produits pour celui des électrons consommés : tramway, train et voiture électrique sont les premières idées qui viennent à l'esprit pour bouter le $CO_2$ hors de nos transports. Le raisonnement le plus souvent proposé semble imparable : un passager en train = une voiture en moins, et un train qui roule = zéro pollution, puisque c'est de l'électricité. Fermez le ban, tout est dit ! Malheureusement, ces raccourcis sont tous deux simplistes, à tel point qu'il est parfaitement possible d'augmenter les émissions de $CO_2$ avec un projet ferré ou une voiture électrique.

Commençons par le deuxième (le train roule sans pollution) : il sera facile au lecteur, sur la base de ce qui a été exposé ci-dessus pour la voiture électrique, de comprendre qu'un train se construit avec force acier et autres matériaux, roule sur une voie de chemin de fer dont la construction suppose de faire passer des bulldozers pour terrasser le sol, puis couler du béton et de l'acier (sans parler des ouvrages d'art), et enfin a besoin d'électricité, qu'il faut produire. Il en va de même pour un tramway. Résultat : en France, un passager qui parcourt un kilomètre en tram ou en métro engendre l'émission de 50 à 200 grammes de $CO_2$, les valeurs les plus courantes pour les transports urbains se situant plutôt entre 50 et 80 grammes. Ce sont la construction des infrastructures et du matériel roulant qui dominent dans ce total, la production électrique étant secondaire en France. Rappelons qu'une voiture ordinaire, en incluant sa fabrication et la production du carburant à partir du pétrole, émet de l'ordre de 250 grammes de $CO_2$ par kilomètre, ce qui revient à dire qu'une voiture transportant trois personnes conduit aux mêmes émissions par personne qu'un tramway. Étonnant, n'est-ce pas ?

Cela permet de passer à la seconde question : combien de $CO_2$ un tramway ou un métro évitent-ils ? Car l'équation simple qui consiste à penser qu'une personne en métro ou en tram est une personne de moins dans une voiture est hélas fausse. Quiconque a déjà pris les transports en commun le sait très bien : on y trouve essentiellement des gens qui n'ont pas de voiture, ou qui n'ont aucune envie de s'en servir pour le trajet considéré. Lorsqu'un tram est mis en service, un de ses passagers sur dix seulement est un ancien passager de voiture qui a opté pour les transports en commun. Tous les autres viennent soit d'un autre mode de transport en commun (par exemple le bus), soit... de chez eux : ils se contentaient auparavant de faire un tour à pied dans le quartier. Pour 10 passagers parcourant un kilomètre en tram, émettant 600 grammes de $CO_2$, un vient de la voiture, et a donc permis d'économiser 240 grammes de $CO_2$. Restent les reports depuis le bus : à 150 grammes de $CO_2$ par passager/km, il faut au moins 3 voyageurs passant du bus au tram (avec suppression de l'offre de bus à due proportion) pour que l'affaire commence à devenir rentable question $CO_2$. Et les calculs de coin de table montrent qu'en pareil cas le coût à la tonne de $CO_2$ évitée se situe aux alentours de 2 000 euros.

Un projet ferré peut même engendrer du $CO_2$ supplémentaire : il suffit que les émissions de construction de l'infrastructure soient importantes (avec beaucoup de tunnels ou de viaducs), et/ou qu'il y ait peu de report modal depuis la voiture ou le bus. En plus, le trafic induit (celui qui apparaît en plus du trafic reporté) permet éventuellement une croissance de la ville, ce qui n'est assurément pas la meilleure façon de s'adapter à la contrainte carbone ! À l'opposé, un très fort report modal de la voiture ou de l'avion sur du train quand la voie est déjà construite et que la croissance globale du trafic est faible engendrera des économies significatives pour un coût acceptable.

Comme pour l'éolien, le coût à la tonne de $CO_2$ évitée d'un transport ferré dépend donc fortement des conditions de mise en œuvre. Et ce que suggèrent les petits calculs ci-dessus, c'est qu'obtenir la baisse de notre dépendance aux combustibles fossiles demande de la méthode et de la gestion, et non une croyance aveugle dans des objets techniques particuliers qui seraient nécessairement adaptés partout et tout le temps. Il nous faut un « bouquet » de techniques, mais aussi du bon sens et des méthodes d'analyse pour savoir laquelle mettre en œuvre dans un contexte donné !

Prenons maintenant un exemple qui ne suppose aucune introduction d'objet nouveau : la limitation de la vitesse sur autoroute. Passer de 130 à 110 km/h ferait économiser du carburant, donc des émissions. Elle coûterait à l'État quelques euros pour faire respecter la mesure : radars, gendarmes et papier pour les contredanses. Mais elle coûterait surtout... une baisse des recettes de la TIPP (taxe sur l'essence), puisque les automobilistes consommeraient moins ! De ce fait, le coût de la mesure pour le budget de l'État se situerait entre 100 et 200 euros à la tonne de $CO_2$ évitée (selon ce à quoi on croit pour la circulation future), sauf si... on met simultanément en place une taxe carbone, auquel cas la mesure peut s'avérer d'un coût quasi nul pour les recettes de l'État.

Passons du $CO_2$ au $N_2O$, un gaz à effet de serre émis à la suite de l'épandage des engrais azotés dans les champs. Un renforcement des contrôles pour éviter les excès d'épandages permettrait d'éviter des émissions à un coût pour l'État situé entre 5 et 30 euros la tonne de $CO_2$ équivalent évitée. C'est vingt à cent fois moins cher pour les finances publiques que la promotion de l'éolien ou du photovoltaïque, pour un potentiel d'émissions évitées du même ordre !

## *Le bonus-malus, beaucoup de bruit pour pas grand-chose ?*

Et le bonus-malus ? N'est-ce pas une mesure qui engendre de fortes économies pour un investissement assez peu élevé ? Avant de répondre, revenons à notre tram. Nous avons vu que ses promoteurs ont tendance à considérer que tout usager des rails est un ancien conducteur de voiture, ce qui est inexact. Par ailleurs, en période de hausse du prix des carburants, la consommation de ces derniers baisse, même si aucune offre de transports en commun supplémentaire n'est proposée. D'où un paradoxe : si le prix de l'énergie augmente, alors le trafic automobile baisse de manière naturelle, et construire un tram évitera moins de carburant que si le prix de l'énergie était resté stable. Cela signifie que le $CO_2$ évité par une ligne de tram supplémentaire est dépendant... du prix futur de l'énergie.

Il en va de même avec le bonus-malus : pour évaluer son effet, on doit deviner ce qui se serait passé en l'absence de mesure. Or cette dernière a été mise en place dans un contexte de baisse de la quantité de pétrole disponible pour l'Europe (voir le chapitre III). Question : si les Français achètent des voitures plus économes, est-ce parce qu'il y a moins de carburant à brûler (et cela reste vrai sans incitation fiscale), ou est-ce à cause du bonus-malus ? Si la baisse de la quantité de carburant disponible est la bonne explication, alors le bonus-malus a engendré ce que l'on appelle un « effet d'aubaine » : le consommateur empoche un bonus puisqu'on le lui offre, mais il se serait comporté de la même manière sans incitation. En pareil cas, le coût à la tonne de $CO_2$ évitée est nul ou prohibitif. Or, que disent les statistiques ? Que les émissions de $CO_2$ par voiture, qui reflètent la consommation moyenne par voiture, baissent continuellement depuis 2000 en France, parallèlement à la consommation. Il est donc vraisemblable que le bonus-malus n'a pas eu d'effet d'infléchissement majeur sur une trajectoire qui était déjà bien engagée... et qui s'observe également dans les autres pays européens. Il a permis de modifier un peu plus rapidement la composition du parc, mais moins d'infléchir rapidement la quantité de carburant consommée (alors que c'est le but ultime).

À ce stade, le propos est probablement devenu très explicite : pour toute mesure envisagée, il faut évaluer le plus honnêtement possible ce qui se serait passé en l'absence de cette mesure. À l'avenir, beaucoup d'économies se feront parce que la croissance des prix fera baisser le pouvoir d'achat. Par ailleurs, ce n'est pas parce que nous avons un long et noble combat à mener qu'il faut croire que des moyens sans limites lui seront alloués. L'État doit gérer ses deniers exactement comme une entreprise soumise à une forte pression, qui craint pour sa survie. Une entreprise « normale », dans ce cas, commence par affecter les moyens dont elle dispose à ce qui est susceptible de faire une différence au premier ordre, et non pas sur le cinquième chiffre après la virgule. En demandant au consommateur d'affecter des dizaines de milliards d'euros à la promotion du photovoltaïque ou de l'éolien, l'État fait la même erreur qu'un médecin qui, voyant arriver un patient atteint d'une maladie engageant son pronostic vital à brève échéance, commencerait par lui prescrire un traitement pour son cor aux pieds. Que la collectivité mette l'essentiel de ses moyens sur des sujets de troisième ordre montre malheureusement que nos dirigeants politiques ne croient pas vraiment que notre stabilité économique, sociale et politique puisse être menacée par les combustibles fossiles, ou leur absence. L'inefficacité de l'argent actuellement dépensé sur un problème pourtant publiquement reconnu (la contrainte énergie-climat) en est la meilleure preuve ; c'est paradoxalement la preuve qu'élus et électeurs continuent à croire qu'il s'agit d'un problème à la marge.

Dans le cadre que ce livre appelle de ses vœux (mettre la « décarbonisation de la société » au premier rang de nos priorités), un examen approfondi devrait désormais précéder toute mise en œuvre d'une mesure visant à faire mieux avec moins de combustibles fossiles ou moins d'émissions de gaz à effet de serre. Ce n'est pas être ennemi de l'avenir que d'exiger que cela soit la règle : c'est au contraire se donner le maximum de chances de le préserver !

*Chapitre VI*

# C'EST GRAVE, DOCTEUR ?

En 1972, dans un monde qui vient de connaître vingt-cinq ans de croissance économique effrénée, de conquérir la Lune, de doter les deux tiers des ménages français d'un réfrigérateur et d'un lave-linge, et la moitié d'une voiture, paraît un document sobrement intitulé *The Limits to Growth* (« Les limites de la croissance »[1]). Rédigé dans le style pédagogique d'un livre de physique amusant, il prédit pourtant rien moins que l'effondrement de l'humanité dans le courant du XXIe siècle, « tant que la croissance du PIB sera l'objectif majeur des hommes ». Les auteurs de ce document, remis à un « think tank » qui s'est constitué quelques années auparavant (le Club de Rome, d'où le nom fréquemment employé de « rapport du Club de Rome » pour désigner *The Limits to Growth,* encore appelé « rapport Meadows », du nom de l'un de ses coauteurs), sont des chercheurs du prestigieux Massachusetts Institute of Technology, spécialistes en dynamique des systèmes. Ils ont créé un modèle global simulant le devenir de la production humaine dans un univers fini. L'humanité est dotée d'un capital initial de ressources non renouvelables, qui alimente une production agricole, industrielle et de services, en créant au passage de la

---

1. Traduction française : Massachusetts Institute of Technology, *Halte à la croissance ?*, Paris, Fayard, 1972.

pollution, laquelle se décrit comme un élément venant diminuer la qualité (ou la quantité) des ressources naturelles restantes ou l'espérance de vie. Il s'agit donc d'un modèle simple de description de la production humaine resituée dans son environnement, et qui explicite physiquement – au lieu de les traiter comme des données purement monétaires – ce que les économistes appellent des « externalités ».

Ce qui va faire grand bruit n'est pas la technique de construction du modèle, pas plus que le débat académique sur la supériorité possible de cette approche par rapport à l'économie classique pour cadrer l'avenir, mais la conclusion que les chercheurs en ont tirée. Cette dernière est simple : si nous cherchons à avoir une croissance économique « tant que nous pouvons », nous avons beau être aussi optimistes que possible sur le niveau des stocks de départ, la qualité des techniques employées, le niveau de recyclage, etc., ce qui nous attend au bout du chemin est l'effondrement du système, c'est-à-dire la décroissance forcée sur une période longue. Et plus nous voulons croître à bref délai, plus vite et plus fort nous décroîtrons !

*La croissance, ou la paix ?*

La raison de cette conclusion peu sympathique est hélas assez simple : l'activité économique étant globalement une activité de transformation des ressources naturelles, la croissance économique augmente chaque année le niveau de prélèvement sur le capital initial non renouvelable (minerais, hydrocarbures, sols) et augmente chaque année les rejets dans l'environnement, c'est-à-dire la pollution. Cette dernière entame les propriétés du capital naturel restant, avec un décalage temporel plus ou moins grand. L'évolution du modèle aboutit alors à une conclusion de type « Charybde ou Scylla » : si la dotation initiale en ressources est en dessous d'un certain niveau, ce qui « tue » le système en premier est l'impossibilité de maintenir un flux croissant de prélèvement de ressources pour en faire des « richesses » au sens de l'économie classique. Si la dotation initiale en ressources est sans limite véritable, ce qui « tue » le système est alors une quantité excessive de sous-produits indésirables (la pollution) consubstanciels à l'activité de transformation, qui dégrade progressivement la biosphère, la productivité des sols, la santé humaine et le reste, engendrant l'effondrement du PIB et de la population du XXI$^e$ siècle.

Bref, cette approche physique montre que la recherche perpétuelle de la croissance finira par saper avant la fin du siècle les conditions du maintien d'une humanité nombreuse. L'optimisme sur les conditions initiales ou la montée en puissance des technologies de recyclage ne décale l'échéance, dans un sens ou dans l'autre, que de quelques décennies (c'est la magie des exponentielles !), et l'affaire se termine avec une dégradation forte de l'espérance de vie, des conditions de vie et de la taille de la population mondiale. En termes géopolitiques, même si le modèle n'a jamais été configuré pour faire de la politique-fiction, on comprend bien que ce genre d'évolution a toutes les chances de se traduire par le retour à un monde fragmenté et conflictuel, où une multitude de totalitarismes locaux se disputent des ressources en diminution globale. Ce scénario n'est rien d'autre que la description de la formidable gueule de bois qui attend les hommes qui auront cherché à se saouler de ressources non renouvelables et de croissance le plus longtemps possible. Ce travail connaîtra un retentissement médiatique considérable.

Coïncidence, deux ans après survient le premier choc pétrolier, sonnant en apparence comme une démonstration éclatante de la clairvoyance des auteurs. L'écologie politique prend son envol (ainsi que le terme « développement durable »), la décroissance devient une option dans les débats, on voit apparaître l'endettement des États (avant 1974, l'État français n'avait pas la possibilité légale de s'endetter, par exemple), des programmes nucléaires fleurissent ici et là, la réglementation thermique apparaît en France (la première date de 1975), ainsi que les limitations de vitesse. D'une manière générale, le monde réagit en explorant un certain nombre d'options et de discours qui semblaient révolutionnaires peu de temps avant.

Et puis, lors du contre-choc pétrolier de 1985, le court-termisme si bien décrit par Tocqueville revient en force. Oubliant que les « prédictions » du rapport concernent le XXIe siècle et non l'année suivante, les démocraties occidentales, bientôt rejointes par la Russie, qui vient d'abandonner la dictature, et la Chine qui veut retrouver son rang dans le concert des nations, recommencent à sacraliser le PIB sans se soucier des limites connues ou estimées. On financiarise un peu l'économie, et le PIB repart vers des sommets (voir le chapitre II). La contre-attaque s'organise aussi sur le terrain académique, et elle engendre malheureusement la défaite – pour quelques décennies au moins – du camp le plus clairvoyant. L'économie classique, avec ses modèles incapables de faire une prévision « grosse maille » à peu près fiable (mais champions pour expliquer après coup pourquoi ce qui devait arriver n'est pas arrivé !), parvient à terrasser la toute jeune dynamique des systèmes appliquée à l'économie. En économie, ce sont donc les climatosceptiques qui ont gagné. Nous avions d'un côté une approche physique permettant une analyse rationnelle de la situation, mais nous forçant à nous confronter aux limites, et de l'autre une analyse partielle, et de ce fait débarrassée des limites, permettant du coup de « prévoir » un avenir indéfiniment radieux. La raison avait trop peu de troupes, elle n'a pas résisté à la blitzkrieg du déni.

L'ironie de l'affaire, c'est que cette course au PIB, poursuivie malgré l'avertissement de *Limits to Growth*, ne nous a même pas procuré un bonheur croissant à due proportion.

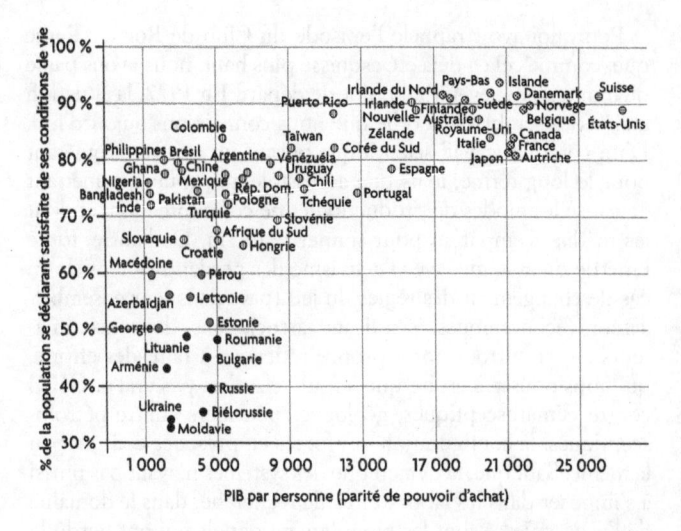

*Bonheur ressenti par la population en fonction du PIB par personne. Source : Tim Jackson, Prospérité sans croissance, Bruxelles, De Boeck Université, 2010.*

Le graphique ci-dessus montre que les Colombiens, qui ont le même PIB par tête que les Russes ou à peu près, sont « deux fois et demi plus heureux » ; que, à PIB identique, les Philippins sont huit fois plus heureux que les Moldaves, et que les Autrichiens, dont le PIB par personne est dix fois supérieur à celui des Philippins, ne sont pas plus heureux pour autant. Certes, lorsque le PIB est élevé, il n'y a plus beaucoup de malheureux, mais ce graphique montre quand même qu'augmenter le bonheur sans augmenter le PIB est possible, et que les plus malheureux sont les habitants d'anciennes dictatures – cet aspect est peut-être plus directement responsable de l'absence de bonheur que le niveau « économique » !

Pourquoi avoir rappelé l'épisode du Club de Rome ? Parce que, comme cela a déjà été esquissé plus haut, nous avons passé quarante ans à revenir au point de départ. En 1972, la situation était assez semblable à celle que nous connaissons aujourd'hui. D'un côté, un travail scientifique posant un constat inquiétant pour le long terme, mais peu accessible au profane, remettant en cause les modes de production et de consommation, et dont les médias s'emparent pour sonner le tocsin. De l'autre, toute l'inertie du système, avec l'activisme des perdants potentiels en cas de changement des règles du jeu (pays dans leur ensemble, acteurs économiques, syndicats, associations de consommateurs…), et surtout notre propre réticence à faire des efforts, qui nous pousse à croire que « tout cela n'est pas vrai ». GIEC contre climatosceptiques, géologues pétroliers contre pétrolosceptiques, la configuration des forces en présence était un peu la même. Sauf que, la dynamique des systèmes n'ayant pas réussi à s'imposer dans les laboratoires de recherche, dans le domaine de l'économie ce sont les pionniers rationnels qui ont perdu la première bataille.

Alors, quarante ans après, est-ce grave, docteur ? Ou est-il permis d'espérer que cette fois-ci nous sommes mieux partis ?

*Du carbone à la géopolitique planétaire*

Comptable du carbone, voilà à peu de chose près ce que je suis. Ce titre peu sexy masque pourtant une réalité passionnante, puisque mes interlocuteurs regroupent patrons et syndicalistes, chercheurs et étudiants, électeurs et ministres, consommateurs et stars de la télé, commerçants du marché et agriculteurs, pilotes d'avion et taulards, diplomates et militaires, médecins et patients, sans oublier les coiffeurs et les chirurgiens du foie. Ce n'est que des années après avoir commencé ce nouveau métier que j'ai compris pourquoi il ouvrait autant de fenêtres sur le monde : compter le carbone, c'est compter l'énergie, donc la transformation physique. Or, toute organisation humaine repose sur de telles transformations. Compter le carbone, c'est donc analyser les systèmes d'abord de manière physique, et non avec des conventions humaines (dont l'économie fait partie) qui les reflètent plus ou moins bien. Si la quantité de carbone à émettre est contingentée (accès limité au pétrole, au gaz ou au charbon, ou pénalisation délibérée des émissions de gaz à effet de serre), compter le carbone, cela revient à confronter les organisations et leurs évolutions souhaitées à la finitude du monde. Là, ça devient très intéressant !

C'est bien à partir du carbone, ou plus exactement un de ses précurseurs qui s'appelle le pétrole, que l'on pouvait prédire (hélas) que la promesse de croissance infinie du pouvoir d'achat faite en 2007 par les candidats à l'élection présidentielle, en plein choc pétrolier, était une gentille fadaise. C'est encore en comptant le carbone que l'on pouvait comprendre, en 2005 ou 2006, que les banques allaient souffrir peu après, qu'il était normal que les constructeurs européens d'automobiles dévissent moins fort que les constructeurs américains à l'avenir, ou encore que le rattrapage économique auquel les pays de l'Europe de l'Est ont cru en adhérant à l'Europe a toutes les chances de rester partiellement lettre morte.

Tout cela était déjà dit, en filigrane, dans le travail de Meadows et de ses coauteurs. Mais ce dernier, malgré le formidable électrochoc infligé à ses lecteurs, n'a pas déclenché de passage à l'acte massif. Avec du recul, l'une des raisons est probablement que ce travail n'a pas débouché sur la mise au point d'un indicateur de finitude du monde, qui aurait pu s'appliquer à tout projet, toute entreprise, toute organisation humaine, tout pays, et confronter l'avenir de l'entité examinée avec des seuils quantifiables. De ce fait, le problème soulevé, pourtant crucial, est resté global, facile à comprendre en tant que tel mais impossible à transformer en équation particulière pour l'action de chacun. Faute de pouvoir transposer le problème macroscopique au niveau de l'acteur individuel, l'action n'a pas pu prendre place : il n'y a pas de progrès sans mesure !

La grande nouveauté, dans le dossier énergie et climat, c'est qu'une métrique permet désormais de passer du problème global à l'échelon individuel : la tonne de carbone. Elle est universelle : l'énergie (et donc les émissions) étant partout, on peut affecter à tout objet ou processus résultant de l'action humaine un facteur d'émission ou un contenu énergétique. Elle permet par ailleurs de se confronter à la fois à la contrainte sur la finitude du stock énergétique (80 % de l'énergie contiennent du carbone) et à celle sur le climat (le $CO_2$ représente 75 % des émissions de gaz à effet de serre). Du coup, elle est doublement transversale, plus puissante que les monnaies, puisqu'elle appréhende aussi les flux physiques non monétaires, et pourtant elle est monétarisable de manière explicite si besoin est.

Monétarisable, vous avez dit monétarisable ? Pourquoi donc, après tant de sorties virulentes contre le PIB, après avoir tant souligné les faiblesses des conventions économiques, vouloir absolument donner un prix au carbone ? Tout simplement parce que l'argent est ce que nous avons inventé pour comparer entre elles des tas de choses qui ne sont pas comparables. Sans monnaie, pas d'arbitrage possible par les acteurs économiques ! Sans prix du carbone, comment un aciériste sera-t-il incité à traiter le minerai de fer à l'hydrogène plutôt qu'au charbon ? Comment serai-je incité à remplacer ma voiture par une voiture plus petite ou un vélo, et comment allons-nous permettre un développement plus rapide de la clientèle des marchands de vélo que de celle des marchands de billets d'avion ? L'erreur à ne pas commettre serait de croire que l'existence d'une valeur monétaire du carbone nous contraint à conserver le PIB comme indicateur macroéconomique de référence. C'est évidemment faux. En revanche, attribuer un prix au carbone est aujourd'hui la seule manière de porter ce problème au bon niveau à l'Assemblée nationale ou dans une direction générale d'entreprise. Parler d'argent pour préserver l'environnement est peut-être regrettable aux yeux de certains militants, mais chercher à s'affranchir de cette contrainte fera le plus souvent perdre du temps, alors que ce dernier nous est compté.

Si le Club de Rome avait réussi à susciter la création d'une « unité de finitude du monde », convertible en euros, applicable de manière individualisée à toute entreprise et toute collectivité locale, nous aurions gagné quarante ans. Le carbone nous offre peut-être pour la première fois la possibilité de traduire les limites de la planète à l'échelle de tout acteur, quel qu'il soit. Il y a certes d'autres indicateurs qui appréhendent les consommations de ressources ou les pollutions, les plus connus étant l'empreinte écologique ou les analyses de cycle de vie. Mais soit ils ne sont pas monétarisables de manière simple (empreinte écologique, analyse de cycle de vie), soit ils ne permettent pas de confronter une consommation unitaire à une contrainte globale (analyse de cycle de vie). La tonne de carbone, puisqu'elle est monétarisable, permet d'imaginer des mesures fiscales ou réglementaires associées à la gestion du problème, alors que c'est impossible tant qu'il n'y a pas de métrique. Difficile d'asseoir un impôt sur un flux qui ne se mesure pas, ou de réglementer une nuisance qui n'a pas d'unité de compte !

Selon la manière de poser le problème, la tonne de carbone peut être monétarisée de trois manières. La hausse erratique du prix de l'énergie carbonée par insuffisance d'offre est la première d'entre elles. Elle n'est bien évidemment pas planifiée (en tout cas pas par les pays consommateurs !), mais se traduit de manière bien réelle dans l'économie. Et, en période de tension sur l'approvisionnement en pétrole, en gaz ou en charbon, toutes choses égales par ailleurs, les prix des énergies non carbonées augmenteront, par effet de substitution (une partie des consommateurs abandonnent le fioul pour se chauffer au bois ou à l'électricité nucléaire, par exemple). Comme il y a de l'énergie dans la fabrication ou la mise à disposition de tout ce qui entre dans une organisation humaine, une hausse du prix de l'énergie finit par se traduire tôt ou tard par la hausse de tout ce qui entre dans un poste de charges (cela s'appelle... de l'inflation !). Quand on connaît les divers postes d'un bilan carbone, il est possible d'avoir une idée des surcoûts qui pourraient être payés dans un tel contexte.

Une deuxième manière de monétariser le carbone consiste à imaginer comment se comporte l'organisation examinée en période de récession. En effet, nous avons vu au début de cet ouvrage que ce genre d'épisode économique suit immanquablement une forte hausse du prix de l'énergie, pour une raison parfaitement logique quand on en revient au lien entre économie conventionnelle et flux physiques, donc entre économie et énergie (voir chapitres I et II). Un savant mélange de calculs en ordre de grandeur et d'utilisation d'élasticités approximatives (ou de constantes sociales ou économiques) permet, le plus souvent, d'avoir quelques idées sur le résultat. Quand il est possible de les confronter aux faits, ces analyses s'avèrent souvent avoir une capacité prédictive bien meilleure que la projection dans l'avenir des tendances économiques passées.

Enfin, la troisième manière de monétariser le carbone est d'imaginer la conséquence sur les postes de charge ou les recettes d'une taxation des émissions ou équivalent (quotas vendus aux enchères, normes ou réglementations qui imposent un coût d'ajustement, etc.).

Tout comme l'invention de la monnaie a conduit les agents économiques à tenir des comptes, l'« invention » de la tonne de carbone (et le caractère fondamentalement transversal des processus mesurés) permet de mettre en place une comptabilité carbone au sein de toute organisation. Cette comptabilité est désormais en train de se développer rapidement, pour le moment essentiellement au travers d'initiatives volontaires, avec évidemment les inévitables défauts de jeunesse liés à ce genre de processus. Comme cette comptabilité carbone sert à qualifier un lien de dépendance, et non de responsabilité, faire l'exercice honnêtement, c'est avoir dans ses comptes une contrepartie de toutes les émissions de gaz à effet de serre dont dépend son activité. L'appréciation de la dépendance donne lieu à des débats sans fin, parce que notre monde interdépendant est compliqué ! Par exemple, si je vends des surgelés, dois-je compter quelque chose pour la fabrication du congélateur du consommateur, sans lequel je vendrais évidemment moins de surgelés ? Dois-je compter quelque chose pour l'électricité de son congélateur ? Dois-je compter le surplus d'énergie par rapport à la cuisson d'un produit frais ? Si je gère un site Internet, dois-je compter quelque chose pour les émissions liées à la fabrication des modems et des ordinateurs utilisés pour se connecter à mon site ? Si la règle concrète est parfois complexe, l'esprit est toujours le même : rien ne doit être mis sous le tapis, même si cela conduit à constater que son activité est moins compatible avec le développement durable que l'idée que l'on s'en faisait.

Car, et là aussi c'est une première, ces comptes carbone permettent de transcrire quantitativement au moins une facette du développement durable. Avec ce qui est désormais connu sur la contrainte carbone (disponibilité de l'énergie et changement climatique), il devient logique de considérer que sera « durable » toute activité qui se portera de mieux en mieux – au moins en termes relatifs – à mesure que la contrainte carbone ira croissant. Les comptes carbone permettent de commencer à disserter sur la question. On se rend alors compte qu'une grande partie des gens qui se prétendent plus verts que verts ne sont en fait pas « durables » du tout !

C'est un fait de psychologie élémentaire que les concepteurs de jeux vidéo connaissent bien : dès qu'apparaît une échelle graduée sur l'écran, le joueur va chercher à progresser sur l'échelle. De même, l'apparition de la tonne de carbone a donné envie à une fraction croissante des acteurs économiques de tenir leurs comptes. Tant qu'il n'y a pas de cadre réglementaire, l'exercice ne sera fait de manière honnête que par ceux qui y trouvent un intérêt commercial ou managérial, sauf rare exception. Mais, comme les comptes carbone permettent de mieux apprécier l'avenir physique donc économique, la puissance publique s'en mêlera (en France ou ailleurs) ; elle créera des règles pour tout ou partie des émissions et tout ou partie des agents économiques ou objets vendus par ces derniers.

Ainsi, dès la première directive sur les permis d'émission négociables (en 2005), l'Europe a réglementé la manière de calculer les émissions directes sur les sites concernés. Plus récemment, la loi Grenelle II, votée en juillet 2010, a prévu l'obligation pour chaque entreprise de plus de 500 personnes de faire un inventaire de ses émissions de gaz à effet de serre. Au moment où ces lignes sont rédigées, le contour exact de l'obligation reste à préciser par décret, et il est probable que l'État sera plus frileux qu'il n'y faudrait, comme souvent ces derniers temps, mais il est déjà acquis que, tôt ou tard, cela concernera toutes les émissions dont dépend l'entreprise pour exercer son activité, à l'exception des émissions d'utilisation des produits, trop complexes à réglementer tellement les cas de figure sont nombreux.

D'autres initiatives réglementaires sont en train de voir le jour, qu'il s'agisse de normes d'application volontaires créées par l'International Organization for Standardization (ISO) ou des organismes sectoriels, de réglementations édictées par les gouvernements nationaux ou l'Europe, etc. Enfin, l'organigramme des entreprises et des collectivités – et même de l'État – commence à réagir à cette apparition de la tonne de carbone. Depuis toujours, l'organigramme d'une entreprise est structuré en fonction des interlocuteurs obligés (clients, fournisseurs, actionnaires, banquiers, etc.) ou contraintes diverses (recherche-développement pour s'armer face à l'avenir, contrôle de gestion pour optimiser les moyens, etc.). Le droit du travail a ainsi créé le responsable des ressources humaines, ou amplifié son importance ; la réglementation sur l'environnement a créé le responsable environnement, et on voit apparaître de plus en plus d'interlocuteurs dédiés au carbone (y compris dans des administrations ou des collectivités locales). Cette irruption du carbone dans l'organigramme n'est jamais anodine : l'apparition d'un porteur d'intérêt en interne force nécessairement les hautes sphères à s'y intéresser davantage.

Et, de fait, ces hautes sphères sont désormais en contact plus régulier avec le carbone. Il y a cinq ans, mes petits calculs étaient rarement remontés au niveau des grands patrons, et quand ils l'étaient, c'était un fusil à un coup ; les résultats leur étaient montrés pour satisfaire leur curiosité intellectuelle, mais aucun(e) d'entre eux ne considérait vraiment que son activité future dépendait en quoi que ce soit des calculs en question. Aujourd'hui, ce sont de plus en plus souvent les patrons eux-mêmes qui demandent que soit mise en place une comptabilité carbone ; ils sont alors destinataires directs des résultats et ces derniers commencent à servir à arbitrer des décisions lourdes d'investissement ou de stratégie commerciale. Certes, nous sommes encore très loin d'une démarche généralisée, mais il est incontestable que la dynamique a « pris » dans un certain nombre d'endroits. Feu de paille, ou début d'une nouvelle vision du monde qui arrivera à nous faire basculer du bon côté, à temps ?

## *De la Terre de Feu au Pacte écologique*

Le gouvernement Fillon 1 n'était pas plus tôt constitué, avec à l'époque Alain Juppé à la tête du seul ministère d'État du gouvernement, que le Grenelle de l'environnement était lancé en grande pompe à l'Élysée. Ce processus a clairement marqué les trois premières années du mandat de Sarkozy, lequel n'aura pourtant pas réussi à comprendre, pendant cette période, qu'il tenait là sa vision de rupture, et proposer, par anticipation, ce qui sera décrit au chapitre VII.

Flash-back : en 1990, Nicolas Hulot, qu'il est probablement inutile de présenter ici, crée une fondation « pour la nature et l'homme », afin de favoriser l'éducation à l'environnement. Son but était alors de s'adresser au grand public pour lui faire découvrir et comprendre la nature, et amener par là même à son respect et à sa protection. Début 2000, Nicolas, qui se rend compte que l'addition de sa notoriété et de cette nouvelle casquette lui donne une audience forte sur le sujet auprès de nombreux décideurs, souhaite devenir un acteur du débat public. Dit autrement, il veut faire de la politique, puisque toute personne qui existe de manière un peu visible dans le débat public intervient de fait dans le débat politique, même quand elle ne brigue pas un mandat électif.

À la différence de nombre de personnalités publiques qui s'autorisent une opinion tranchée sur ce qu'il convient de faire alors qu'au fond elles ne connaissent rien au sujet, il décide qu'il veut comprendre de quoi il retourne avant de commencer à utiliser son porte-voix. Cette conjonction de la motivation (je veux exister dans le débat public) et du doute (comment être sûr que je ne vais pas militer pour une bêtise ?) l'amène à créer au sein de sa fondation un organe qui reste à ce jour unique au sein du monde associatif environnemental : le Comité de veille écologique. Passons sur un nom qui m'a toujours fait penser à « Comité du Soviet suprême », ses membres sont tous des experts d'un sujet donné, et souvent chercheurs. Les domaines couverts sont classiques : biodiversité, climat, énergie... Leur travail doit permettre à Nicolas Hulot de se forger des idées aussi claires que possible sur la manière dont se présente un problème d'environnement donné. À cette époque, le mandat de ce comité n'inclut pas le fait de militer pour des solutions prédéfinies. Il s'agit seulement d'aider à comprendre.

Les premières réunions de ce comité, qui ont furieusement ressemblé à des débats universitaires, furent passionnantes par la richesse des explications échangées. En pratique, tous les deux mois environ, nous nous retrouvions à dix ou quinze avec Nicolas Hulot, sans ordre du jour très précis, et les discussions partaient dans tous les sens, chacun étant tour à tour orateur passionné et auditeur attentif. Tout cela se terminait avec une tranche de pizza et un verre de vin.

Au bout de quelque temps, l'envie de passer des explications à l'action est née. Quelle première action peut bien entreprendre une bande d'intellectuels du mercredi soir ? Écrire un livre, pardi ! Divers ouvrages ont donc été rédigés, dont le plus visible a été *Combien de catastrophes avant d'agir,* qui tenait toujours plus du ballon d'essai que du fer de lance d'une stratégie d'ensemble. Mais cette expérience avait appris à travailler ensemble (rédiger un ouvrage à vingt ou trente mains n'est pas si simple), à détecter les chausse-trappes d'un tel exercice (rien de plus facile que de faire cosigner à un collègue un texte qu'il n'a pas eu le temps de relire calmement et qui le mettra en porte-à-faux), et à comprendre ce que nous pouvions retirer du processus de convergence qui précède nécessairement l'écriture, à savoir une argumentation solide dans les débats publics.

En 2005 nous est venue l'envie de rééditer ce genre d'exercice, mais avec cette fois une visée très opérationnelle : se faire récupérer dans les programmes de tous les candidats à l'élection présidentielle de 2007, rien de moins. Cet œcuménisme était une conséquence logique de l'apolitisme – au sens de l'absence de prosélytisme pour un parti particulier – qui a toujours été en vigueur au sein de la Fondation, à tel point que je n'ai aucune idée des préférences partisanes de la plupart de mes collègues de cette aventure (Hulot compris, qui n'a jamais exprimé la moindre préférence lors des réunions où j'étais présent). Pour parvenir à notre objectif, il fallait à la fois s'inviter dans le débat sur des problèmes d'environnement importants (ceux au niveau d'une élection présidentielle), et être capable de formuler des propositions reposant sur un argumentaire « évident » mais nécessitant une intervention présidentielle pour être mises en œuvre.

L'évidence de l'argumentaire signifiait que quiconque prenait le temps de bien examiner le problème ne pouvait que parvenir de lui-même à la solution proposée. Naïveté que de croire cela ? Pas vraiment : nous l'avions déjà vécu ! Ce fut le cas pendant nos longues et foisonnantes discussions : quand un collègue prenait le temps de poser correctement un problème donné, avec toutes ses facettes, la solution semblait souvent se dessiner assez clairement. Chacun de nous, dans son domaine de spécialité, avait souvent vécu la même expérience auprès d'interlocuteurs externes. Par exemple, quiconque examine en détail la question du changement climatique devient plus ou moins rapidement convaincu qu'il faut augmenter progressivement le prix des énergies fossiles. Il est presque inutile de chercher à l'en convaincre : le plus souvent, un bon examen du problème s'en chargera mieux que vous. Évidemment, proposer une solution à un problème ne signifie pas qu'elle ne va faire que des gagnants. Cela signifie juste que nous pouvons en expliciter les effets positifs et négatifs, et surtout dresser le bilan global que nous souhaitons à l'arrivée.

Nous nous étions donné quatre règles pour construire ce qui allait s'appeler le « Pacte écologique » : publier le fruit de notre réflexion quelques mois avant la présidentielle, afin que le débat puisse s'organiser ; nous adresser autant aux électeurs, appelés à ne pas donner dans le « yaka », qu'aux candidats, ainsi placés sous la pression des premiers ; ne proposer que des mesures pour lesquelles nous étions unanimement convaincus par l'argumentaire ; nous limiter à cinq à dix propositions au plus. Pourquoi une telle limite ? Parce que, si nous avions produit un pacte comportant trois cents propositions, nécessairement toutes plus géniales les unes que les autres, la presse en aurait sélectionné dix au maximum au moment de les relayer dans le débat public (ce qu'elle fait sur tout rapport comportant trois cents mesures), et nous n'aurions eu aucune garantie que ces dix propositions étaient les plus importantes à nos yeux, et non tout simplement les plus faciles à expliquer, ou celles pour lesquelles la probabilité de déclencher une polémique était la plus élevée. Vous souvenez-vous du rapport Attali et de ses cent propositions ? Tout le monde en a retenu qu'il y était question de taxis (le plus facile pour la presse), mais il n'est pas sûr que les auteurs n'avaient que cela en tête... Pour éviter l'écueil d'un mauvais tri, il n'y avait qu'une solution : faire le tri nous-mêmes !

La conviction unanime avait, par-delà une justification évidente de cohésion interne, une raison également liée à la médiatisation à venir. En effet, si une partie de nos collègues, pourtant motivés, disponibles et supérieurement diplômés, ne parvenaient pas à être convaincus de la justesse de l'argumentaire lors de nos débats internes qui duraient des heures, il était parfaitement illusoire de penser que l'essentiel des électeurs, après l'écoute distraite de quelques minutes de transcription journalistique, seraient immédiatement convaincus par la mesure.

Les sujets structurants sont venus assez naturellement : le climat (taxe carbone), l'agriculture (réorientation de la PAC), la hiérarchie des priorités dans l'action gouvernementale (le vice-Premier ministre en charge du développement durable), l'avenir (la recherche et l'enseignement).

Après des années de discussions, un à deux ans de transpiration sur les textes fondateurs, six mois d'écriture du Pacte sous la houlette de Jean-Paul Besset, qui aura remarquablement réussi à tenir son mandat (être notre plume sans conclure à notre place), la machine de guerre était prête, et nous étions impatients d'en découdre. Mais la suite devait nous réserver une belle leçon de réalisme. Car ce qui a lancé le Pacte, et ce qui a motivé les candidats à le reprendre à leur compte, ce n'est pas la patiente construction de l'argumentaire, ou la pertinence soigneusement étudiée des propositions. Non, ce qui a produit cet effet, c'est la valse-hésitation de Nicolas Hulot concernant une éventuelle candidature à la présidentielle. Dès qu'il a expliqué que peut-être il irait, sauf que peut-être il n'irait pas, il n'était plus question pour un candidat de ne pas signer le Pacte : c'était prendre le risque de ne pas pouvoir rallier sur son nom au second tour tous ceux qui auraient voté pour Hulot au premier. Dès lors, tous les candidats sont allés signer le Pacte, et le coup est parti pour de bon.

Cette annonce de Nicolas Hulot était-elle juste un coup de bluff ? À ma connaissance, cela ne relevait pas du calcul prémédité, mais plutôt de l'intuition du moment : il fallait avancer cette éventualité pour être réellement écouté, et ce coup de poker s'est avéré un coup de maître. En revanche, il s'en est fallu de peu que, par la suite, cette éventualité ne se mue en candidature réelle. Parmi les proches de Hulot, d'aucuns pensaient qu'il fallait vraiment qu'il y aille, la politique constituant l'aboutissement logique et attendu de quinze ans de militantisme, d'autres, dont votre serviteur, étant à l'époque d'un avis contraire.

Admettons que Nicolas Hulot se soit présenté à la présidentielle de 2007. Qu'y aurait-il gagné qui lui permette d'infléchir plus fortement la trajectoire de la France ? Le fauteuil de président, nécessaire pour mettre nos propositions en pratique ? Aucune chance. Un accès plus facile aux médias ? Pas plus. Un contact direct avec les responsables politiques ? Il était déjà reçu par qui il voulait. Une place dans le débat politique ? Il y était déjà, au même titre que le MEDEF, la CGT ou Droit au logement. Alors ? Une candidature n'aurait pu avoir comme objectif que de devenir un personnage politique à part entière, à l'agenda quotidien entièrement consacré aux discussions avec des élus et des instances représentatives. Or, si la question est de faire naître puis porter des propositions concrètes, il est paradoxalement beaucoup plus facile d'être dehors que dedans. En effet, aussi surprenante que puisse paraître cette affirmation, la créativité vient rarement des élus, et encore moins sur des sujets de rupture. Tout d'abord, devant participer à un nombre incalculable de décisions, nos élus ont très peu de temps personnel pour approfondir quoi que ce soit, et ne sont par conséquent des experts en rien. Or, pour être à la fois créatif et pertinent, il faut un minimum d'expertise sur le sujet traité. Dans le monde parlementaire ou ministériel, l'approfondissement est délégué à quelques députés (au sein de commissions parlementaires par exemple), et/ou à des conseillers ou des administratifs sectoriels, qui peuvent n'avoir aucune connaissance du sujet au moment de leur prise de fonction. Tout ce beau monde fera des fameuses « notes de deux pages » – nécessairement réductrices – destinées à tous les autres, et qui ne permettent que des décisions manichéennes. Ensuite, l'élu devant toujours essayer de satisfaire 50 % de la population plus une personne, les mesures de rupture, qui sont synonymes d'efforts pour une large fraction des électeurs, sont par essence difficiles à travailler sereinement.

La créativité en démocratie est donc surtout le fait d'agents extérieurs : filières professionnelles, syndicats, intellectuels, associations, etc., traditionnellement désignés sous le terme « lobbies » ou « faiseurs d'opinion ». Ces agents proposent des mesures et des argumentaires, qui sont parfois repris à leur compte par les élus. Est-ce dénigrer ces derniers que de faire remarquer que leur fonction est essentiellement une fonction de « récupération » d'une créativité qui prend place ailleurs ? Non : d'une part, nombre de décideurs en entreprise fonctionnent exactement de la même manière (on appelle même cela de la délégation !). Ensuite, avec seulement 24 heures par jour, une formation initiale qui est ce qu'elle est et le nombre de sujets sur lesquels il faut se prononcer, il serait inconcevable de procéder autrement. C'est bien pour cela qu'il y a des lobbyistes dans toutes les démocraties du monde : partout dans le monde les journées sont limitées à 24 heures, avec des élus qui doivent décider d'un million de choses, sur la base d'une information très partielle. Être « à l'intérieur » n'aurait donc pas nécessairement permis à Nicolas Hulot de se faire mieux entendre ou d'être mieux informé.

Une candidature de notre ami en 2007 aurait eu un second inconvénient à bref délai : celui de faire émerger toutes les mauvaises raisons de ne pas donner suite aux propositions défendues dans le Pacte. En effet, une élection est parfois un concours de mauvaise foi, où chaque candidat cherche à faire passer les propositions de son adversaire pour des effets de l'abus d'hallucinogènes. Les propositions du Pacte, portées par un Hulot en dehors de l'arène, pouvaient espérer être débattues à peu près normalement, notamment au sein de l'électorat. Mais, que Hulot devienne candidat lui-même, et alors ses propositions devenaient celles du camp ennemi pour tous les autres candidats, avec le risque d'un tir de barrage où le slogan idiot l'aurait disputé aux inepties. Cela aurait ruiné tout espoir de voir les propositions reprises par le candidat élu au second tour. Pourquoi les partis minoritaires ont-ils des candidats, alors ? Parce que cela permet deux choses : tout d'abord d'être un interlocuteur obligé des services politiques des médias, qui cherchent toujours le contrepoint dès que le gouvernement dit quelque chose, et donc d'exister en permanence dans le débat dit politique. Une candidature de minoritaire permet aussi d'espérer la reprise d'*une* proposition contre un ralliement au second tour. Mais on imagine mal que la proposition reprise soit le changement complet du monde dans lequel nous vivons !

Admettons que, malgré ce qui précède, Nicolas y soit allé quand même. Que se serait-il passé ? Au début, il y aurait eu un grand élan de popularité, et peut-être 10 % à 15 % des voix au premier tour, mais il n'avait aucune chance d'être l'un des deux candidats du second (sinon il fallait y aller !). Venait alors la question redoutable : que faire au second tour ? Ne pas donner de consigne de vote, et donc ne rien négocier avec personne, au risque de basculer dans une opposition globale qui radicalise l'intéressé ? Négocier ? Mais alors avec qui ? Comment, quand on a rassemblé une audience qui emprunte à toutes les sensibilités partisanes ou presque, choisir un camp ? Et puis que faire après ? Devenir ministre ? Mais un ministre ne décide pas de lui-même de créer un impôt, de réformer la PAC ou de changer la hiérarchie des postes du gouvernement, c'est une décision qui passe par l'Élysée ! Un ministre dispose en fait de considérablement moins de pouvoir d'initiative que ce que l'homme de la rue imagine... Devenir député européen ? Député français ? Tout cela n'a plus rien à voir avec ce que sait bien faire Hulot. Comment, dans un tel contexte, aurait-il évité le destin de tous les anciens dirigeants associatifs qui ont voulu se lancer en politique, et se sont fait dissoudre dans la formation qui a fini par les récupérer ? Et aucun d'entre eux n'a vraiment changé le monde une fois entré en politique... Évidemment, tout ce qui précède était conditionné à un postulat de départ, à savoir que Nicolas Hulot n'avait aucune chance d'accéder à l'Élysée. En 2007, il n'y avait aucun doute là-dessus.

Que ces arguments aient été ou non perçus par Hulot, toujours est-il que notre ami a finalement décidé de ne pas se présenter, que le Pacte fut signé par tous les candidats et Nicolas Sarkozy élu. Dès la formation du gouvernement Fillon 1, l'opinion allait pouvoir apprécier la parole du nouveau président, car une des propositions du Pacte était d'application immédiate après l'élection (et ce n'était pas un hasard) : nommer un vice-Premier ministre en charge du développement durable. Cette proposition était sous-tendue par l'idée que, trop souvent en matière d'environnement, la main gauche d'un gouvernement fait le contraire de sa main droite, même quand s'annoncent de formidables défis à relever. Il nous semblait donc utile de mettre au sein du gouvernement un garant du long terme en position transverse, ayant le contreseing sur tous les projets de loi et disposant du temps d'analyse dont un Premier ministre, pris dans le feu de l'action, manque généralement.

C'est ainsi qu'a été signé l'acte de naissance du ministère de l'Écologie et de « tout le reste », ce reste ayant changé d'appellation plusieurs fois en trois ans (il y a eu de l'aménagement puis plus d'aménagement, pas de développement puis du développement, pas de mer puis de la mer, pas de technologies vertes puis des technologies vertes...). Le ministère du Développement durable qui a vu le jour n'était certes pas le ministère demandé mais, soyons bons joueurs, avec le seul ministère d'État du nouveau gouvernement et un ancien Premier ministre à sa tête (Alain Juppé), nous n'en étions pas très loin. Le titulaire initial du poste possédait en outre un début de connaissances techniques sur le sujet et une des convictions les plus affirmées parmi les hommes politiques d'envergure dans le pays (ce qui, soit dit en passant, rend peu lisible ses autres fonctions dans le gouvernement Fillon 3).

Dans la foulée, le Grenelle démarre. Ironie de l'histoire, ce processus a pu prendre toute son ampleur avec l'imprévu surgi après les législatives. En effet, un mois après la formation du premier gouvernement Fillon, exit Juppé, qui avait pensé que les Bordelais accepteraient de l'élire député du cru pour qu'il puisse mieux redevenir ministre parisien ensuite, et arrivée de Borloo, largement néophyte sur le sujet bien qu'il ait participé à la création de Génération Écologie en 1991. Or le Grenelle avec Juppé aurait bien pu dévier vers la simple chambre d'enregistrement de décisions pour lesquelles le ministre en charge avait déjà les idées très claires, ou assez claires, et en pareil cas le processus aurait été perçu comme une mascarade par de trop nombreux acteurs. J'ai un peu vécu ce processus en 2003, lorsque je me suis retrouvé bombardé président du Comité consultatif du débat national sur les énergies, débat qui précédait le vote au Parlement d'une loi d'orientation sur l'énergie (la première à avoir instauré le « facteur 4 » pour les émissions de gaz à effet de serre du pays). Le gouvernement savait déjà à peu près ce qu'il voulait faire voter après le débat, et ce dernier n'a pas eu pour vocation de poser à des spécialistes une question bien articulée pour faire émerger ensuite un plan cohérent, ni davantage d'informer le peuple pour construire et partager une vision pertinente de l'avenir. Il s'agissait simplement de donner le change en picorant trois améliorations marginales au passage.

Le Grenelle avec Jean-Louis Borloo a été totalement différent. Ce qui n'a pas changé, c'est que l'Élysée n'avait pas de feuille de route particulière dans un domaine qui était marginal sur le fond aux yeux du président Sarkozy. En cas contraire, le ministre serait devenu un simple exécutant du président, comme sur bien d'autres sujets ! Du reste, lors de la réunion de lancement du Grenelle à l'Élysée, le président a lu d'un air absent deux ou trois feuilles d'un discours préparé à l'avance : clairement, il n'avait pas l'air de celui qui traite avec passion un sujet majeur à ses yeux.

Dans ce contexte, les acteurs du Grenelle se sont retrouvés libres de débattre sans grande contrainte. Il reste aujourd'hui de nombreux acquis de la liberté d'échange de ce moment. Et surtout, pour la première fois, l'élaboration d'un texte de loi s'est inspirée de manière directe des propositions faites par les acteurs du débat (collectivités locales, syndicats, entreprises, mouvement associatif, État). Le Grenelle a été une des rares occasions où un véritable processus créatif a nourri l'élaboration de textes législatifs, avec une adhésion forte des parties prenantes. À mi-chemin des conférences de citoyens (bien plus courtes et sans objectif législatif) et des missions ou commissions d'experts (type commission Attali), le Grenelle incarne un processus de décision pertinent pour prendre des décisions difficiles en démocratie. Ce n'est d'ailleurs pas un hasard si Jean-Louis Borloo envisageait de l'appliquer à la fiscalité.

Trois ans après, que reste-t-il ? Comme d'habitude, un verre à moitié vide ou à moitié plein, selon l'angle de vue. Le verre à moitié vide, c'est que l'essentiel des décideurs politiques (et dans une moindre mesure économiques, surtout dans les milieux financiers et les syndicats patronaux) n'ont pas changé le moule avec lequel ils conçoivent les projets d'avenir. Ce Grenelle n'a pas réussi à faire comprendre à la population dans son ensemble que le système a déjà commencé à se gripper (et les élus dans leur ensemble se préoccupent de ce qui préoccupe la population dans son ensemble !). Il n'a pas permis de rallier une large partie de la population à l'idée que la préservation des ressources peut être à la racine d'un projet politique complet pour les vingt ans qui viennent, alors que ce point de vue s'argumente assez bien avec un peu de temps et d'espace médiatique. Du coup, la majorité des décisions politiques et économiques sont encore prises avec la conviction que, finalement, la croissance ne s'arrêtera jamais, et donc qu'aucun problème physique ne peut justifier autre chose qu'un traitement à la marge. Au fond, nous continuons à agir comme si le monde était vraiment infini.

Un exemple ? Le Grand Paris. Ce projet, porté par le même président que celui qui a lancé le Grenelle, vise à instaurer une mégapolisation et une périurbanisation accrues de l'Île-de-France, à l'exact opposé de ce qu'une observation attentive de la contrainte carbone suggère comme direction. Avant de trompeter ce projet *urbi et orbi*, il n'y a pas eu la moindre étude préalable un peu sérieuse pour savoir si cette vision était compatible avec le renchérissement structurel du prix de l'énergie, une éventuelle diminution en part relative des emplois tertiaires et une éventuelle baisse de la solvabilité des ménages franciliens. Faire des clusters, favoriser la recherche, briller dans le concert mondial des capitales, personne ne saurait s'élever contre ! Mais il faut justement apprendre à faire de la recherche au XXI$^e$ siècle sans qu'il soit nécessaire au préalable de remuer des millions de tonnes de terre et de creuser des dizaines de kilomètres de tunnel…

Enfin, toujours du côté du verre un peu trop vide, les mesures réellement structurantes, comme la mise en place d'une fiscalité carbone ou l'investissement massif dans la réduction de la demande d'énergie, n'ont pas (encore) été prises.

Face à cela, on peut tout de même recenser quelques acquis qui ne sont pas complètement négligeables : la création du « grand » ministère de l'Environnement pendant la première partie du mandat de Nicolas Sarkozy (qui a partiellement survécu ensuite, mais en occupant considérablement moins d'espace), la fusion des administrations au service d'un projet clairement identifié, l'ajout d'un *e* pour « environnemental » au Conseil économique et social, la création d'une commission du développement durable à l'Assemblée, le vote de deux lois emblématiques (Grenelle 1 et 2), et une action internationale volontariste dans le domaine de l'environnement, dont les résultats sont cependant difficiles à apprécier. Le bénéfice majeur dans cette affaire est surtout d'avoir consacré les interlocuteurs qui s'occupent des contraintes d'environnement dans les entreprises et les administrations, et d'avoir souvent fait monter d'un cran leur niveau de responsabilité ou d'initiative. Mais tout cela reste encore trop de la préparation de l'avenir, et pas assez de l'action au présent.

## *Tu ne taxeras point*

Au nombre des échecs, il faut bien sûr compter ce qui a failli être un enfant du Grenelle, mais qui devra hélas attendre de se trouver d'autres parents : la taxe carbone. L'arrivée de cette proposition dans le Pacte écologique a fait suite à la sortie, en 2006, d'une déclaration d'amour à la belle (la belle taxe évidemment) d'Alain Grandjean et de votre serviteur, alors déjà membres du comité stratégique de la Fondation Hulot[1].

---

1. *Le Plein s'il vous plaît, op. cit.*

L'ensemble des rédacteurs dudit Pacte, Nicolas Hulot compris, ayant été convaincus par l'argumentaire proposé dans cet ouvrage, « notre » taxe fut donc propulsée au rang de mesure que tout président putatif était prié de reprendre à son compte.

Entendons-nous bien : il ne s'agit pas de prétendre que nous avons « inventé » le concept de taxe carbone, puisque, dès 1920, l'économiste britannique Pigou a énoncé que pour faire baisser une nuisance il faut lui donner un prix. Le principe pollueur-payeur a donc au moins un siècle ! Et, dès le début des années 1990 (la préhistoire de la lutte contre le changement climatique), Yves Martin, un ingénieur des Mines qui sera passagèrement conseiller de Michel Rocard, militait activement en faveur d'une taxe carbone auprès de sa tutelle politique. Pourtant, au moment de la rédaction de notre plaidoyer pour la taxe carbone, je n'avais entendu parler ni de Pigou ni des premiers écrits d'Yves Martin. Et c'est une excellente nouvelle : cela signifie que cette mesure est l'aboutissement logique du raisonnement pour quiconque se penche de manière approfondie sur la contrainte énergie-climat. En revanche, Alain Grandjean et moi pouvons probablement revendiquer d'avoir contribué à enclencher le premier débat grand public autour de cette mesure en France, alors que nous étions à des années-lumière de penser que cela pourrait se produire au moment où nous avons mis notre livre en chantier. À l'époque, nous avions surtout envie d'exposer à qui voudrait bien dépenser quelques euros pour nous lire une conviction profonde et un argumentaire qui nous paraissait solide.

Avant de reprendre le cours de l'histoire, il faut saluer ici le courage de Nicolas Hulot, qui, dans le débat qui a pris place durant les deux premières années de mandat de Nicolas Sarkozy, a accepté de défendre... un nouvel impôt. Toutes les démocraties de la planète ayant les plus grandes difficultés à avoir des débats adultes sur la fiscalité, accepter de défendre publiquement un prélèvement obligatoire était prendre des risques sérieux en termes de popularité. Ils ne sont pas si nombreux, les personnages médiatiques qui expliquent que la planète c'est important, et qui poussent ensuite la cohérence jusqu'à accepter de défendre LA mesure indispensable pour éviter les ennuis... En général, ils préfèrent dire qu'ils ont arrêté de laisser le robinet ouvert en se lavant les dents, ou qu'il faut mettre des panneaux solaires sur le toit de l'école, ce qui ne présente pas de gros risques de chute dans les sondages, mais est d'effet quasi nul, plutôt que de s'aventurer sur le terrain délicat du changement des prélèvements obligatoires.

Reprenons donc le cours de l'histoire. Après la création du grand ministère de l'Environnement et la mise en route du Grenelle, les partisans de la taxe carbone se sont senti pousser des ailes. Puisque le président avait si bien commencé, il allait bien continuer ! Et de fait, en octobre 2007, au moment du discours de clôture du Grenelle de l'environnement (il s'agissait en fait de la clôture de la première partie), Nicolas Sarkozy annonce, Al Gore à ses côtés, qu'il souhaite cette taxe carbone. Formidable ! Le débat prend alors toute son ampleur : tribunes dans les journaux, auditions par la commission des finances de l'Assemblée et du Sénat, commissions d'étude, etc. Cela dure une bonne année, avant que ne tombe la décision qui va permettre de passer de l'intention à la proposition concrète : la création d'une commission présidée par Michel Rocard, priée de fournir un avis sur cette mesure en vue de son inscription éventuelle dans la loi de finances.

Nommer Michel Rocard, ouvertement favorable à la mesure proposée, c'était presque avoir déjà décidé. Mais le mandat de cette commission ne se bornait pas à la validation (ou à l'invalidation) de l'idée : il lui fallait surtout préciser un certain nombre de points restés jusque-là en suspens pour passer du concept à la pratique. Quel devait être le niveau de la taxe ? Son assiette ? Comment garantir un taux de progression annuel sachant qu'il n'est pas possible, au regard de la Constitution, de prendre des décisions irrévocables pour l'avenir ? (Rappelons que les partisans de la taxe carbone disent généralement qu'il faut annoncer dès le début une hausse programmée du taux, sur une durée qui soit au moins égale à la durée de vie des investissements utilisant des énergies fossiles : voitures et bâtiments.) Fallait-il inclure les entreprises dont les usines avaient déjà une contrainte sur leurs émissions (les quotas) ? Fallait-il faire une taxe purement carbone, ou une taxe mixte énergie et carbone pour inclure l'électricité non fossile ? Et, surtout, que faire de l'argent ?

En effet, la taxe carbone, comme tout impôt, fournit des recettes, même si ce n'est pas son objectif premier puisqu'il s'agit avant tout de faire baisser progressivement la consommation de combustibles fossiles. Il n'en reste pas moins que quelques milliards d'euros vont rentrer dans les caisses du percepteur. À quoi faut-il consacrer ce bon argent ? Désendetter l'État, disent certains. Payer les retraites, disent d'autres. Baisser les charges sociales, et donc le coût du travail humain, préconisent d'autres encore, ce qui permet de rendre l'homme encore plus compétitif face à la machine énergivore. Ou encore l'affecter à des investissements en rapport avec la contrainte (transports en commun, isolation des logements, restructurations industrielles, etc.), suggèrent certains. Nous le rendre, disent les contribuables-consommateurs !

Deux éléments vont conduire la Fondation Hulot à préconiser cette dernière solution, dans ce qui sera surtout un choix tactique. Tout d'abord, il fallait tenir compte de l'engagement de campagne de Nicolas Sarkozy, qui avait pris position contre toute hausse des prélèvements obligatoires. Se conformer à ce souhait éliminait de fait les trois options où l'État utilisait l'argent pour l'affecter à un poste de dépenses : augmenter le financement de la transition vers une économie postcarbone, payer les retraites et désendetter l'État. Inutile de dire que ne pas se conformer à ce souhait éliminait tout espoir d'être entendu ! Restaient alors la baisse des charges sociales et la création d'un crédit d'impôt identique pour tous.

Ce sont les sondages qui ont départagé les deux options. Quand le grand public a été consulté par ce moyen, certes criticable, il n'a pas plébiscité la baisse des charges sociales, probablement vue comme un cadeau fait à ces cochons de patrons, qui venaient déjà de bénéficier de la réforme de la taxe professionnelle. Pourtant, sur le plan macroéconomique, c'était la meilleure idée : baisser les charges est un recyclage 100 % français de l'argent collecté, cela abaisse le coût du travail et donc augmente nos exportations, et – pour ces deux raisons – les analyses de Bercy ou des chercheurs montraient que c'était la manière de faire qui profiterait le plus à l'emploi français. Faire un chèque aux ménages, c'était augmenter leur pouvoir d'achat, et donc leur consommation, pour partie constituée de produits importés (surtout si elle devait porter sur des panneaux photovoltaïques, voir plus haut !). Cela n'allait donc profiter que partiellement à l'emploi français, et ne rien changer sur le plan de la compétitivité de l'économie nationale.

Ceci expliquant cela, Bercy préférait plus d'emploi et moins de consommation, alors que les Français préféraient plus de consommation et moins d'emploi. Un sondage posant directement la question a fait apparaître une différence de 10 à 15 % entre « je taxe et je rends l'argent » (plus de 50 % de Français étaient favorables) et « je taxe et je baisse les charges » (moins de 40 %). La Fondation Hulot a alors opté pour la solution la plus pragmatique : proposer que, lors de l'entrée en vigueur de la mesure, l'argent soit redistribué sous forme de chèque. L'urgence était d'avancer : si la taxe n'était pas mise en place en 2009, peu importe avec quel mode de redistribution, il était évident que le prochain créneau n'était pas avant la prochaine présidentielle, soit fin 2012 au plus tôt. En ce début 2011, ce pronostic est hélas en voie d'être confirmé… Alors que le pic de production du pétrole toque à la porte et que les émissions planétaires doivent baisser en 2015 au plus tard, perdre trois ans pour faire un peu mieux aurait été (et restera) une erreur majeure. Mais, pour préserver la possibilité d'avoir une affectation différente des recettes à l'avenir, nous (la Fondation) avons alors proposé de mettre en place une commission de suivi de la taxe, chargée de faire des propositions sur son évolution. Ainsi, une fois la mesure comprise pour ce qu'elle était (faire baisser la dépendance du pays aux combustibles fossiles importés et limiter les émissions de gaz à effet de serre), il aurait été possible sinon facile d'engager un débat sur une meilleure utilisation de cet argent.

En sortie de commission Rocard, la proposition est à peu près ficelée : il y a un niveau de départ (32 euros la tonne équivalent $CO_2$ en 2010), un taux de progression (arriver à 100 euros la tonne en 2030), la proposition d'exonérer les industries sous quotas (ce point de vue était largement partagé parmi les promoteurs de la taxe, pour des raisons exposées plus bas), et le rappel que la meilleure option de recyclage de la recette est de baisser les charges sociales, sans exclure une forme de redistribution directe aux ménages. Mais il restait du chemin jusqu'à l'Assemblée ! La première haie à franchir était le gouvernement, qui s'est empressé de ratiboiser le niveau de départ à 17 euros. Son raisonnement était que les entreprises assujetties à la directive quotas « payaient » 17 euros la tonne de $CO_2$ quand cette tonne était achetée à la « Bourse du $CO_2$ », et donc qu'il n'y avait pas lieu de taxer les particuliers à un niveau plus élevé. Mais ce niveau de référence correspondait à une lecture complètement erronée du problème : la somme payée par les entreprises assujetties aux quotas pour se procurer ces derniers était globalement… nulle !

En effet, pour la période 2008-2012, les entreprises assujetties à la « directive quotas » les ont reçus gratuitement. Le prix payé par une entreprise pour se procurer une tonne de $CO_2$ à la « Bourse du $CO_2$ » ne concernait que les émissions qui excédaient les quotas reçus, et donc une fraction très marginale des émissions globales pour l'entreprise concernée (qui payait un prix moyen bien inférieur à 17 euros la tonne sur l'ensemble de ses émissions). Ensuite et surtout, le jeu était à somme nulle pour l'ensemble des entreprises sous quotas, exception faite des coûts de transaction. Car, si une entreprise A doit payer 17 euros pour acheter une tonne de $CO_2$ à la Bourse, elle ne peut l'acheter qu'à une autre entreprise, B, elle aussi sous quotas, et qui n'a pas eu besoin de tous les quotas qui lui ont été donnés en début de partie. Dans cette affaire, B gagne ce que A paye, et le débours global de l'ensemble des entreprises est donc... nul (sauf les commissions payées aux intermédiaires, qui par ailleurs peuvent gagner quelques sous en spéculant pour leur propre compte).

Mais, du coup, le scandale est encore plus grand ! Faire payer les ménages alors que les industriels les plus émetteurs ne payent rien du tout ? Qu'est-ce que c'est que cette plaisanterie ? En fait, ces industriels payent bien quelque chose, mais pas de manière explicite, et surtout ils ne payent pas le percepteur d'impôts. Ils payent des « coûts d'ajustement », pour se conformer à leurs obligations, soit sous forme d'investissements pour améliorer l'efficacité des processus, soit pour changer de combustible (en particulier passer du charbon au gaz), soit même sous forme de réduction de la production, parfois. Mais ce surcoût n'ira pas directement dans les caisses de l'État (il n'y allait pas plus lors de l'achat d'une tonne de $CO_2$ sur le marché). Il ira dans la poche du fournisseur en cas d'investissement, ou dans celle du fournisseur du nouveau combustible. Il n'en reste pas moins que c'est un coût pour l'industriel, et qu'il est normal d'en tenir compte.

Parlons chiffres. Le niveau maximal de ce que l'entreprise va accepter de payer aujourd'hui pour changer son fonctionnement demain dépend largement de son anticipation du prix futur du $CO_2$, sur le marché ou lors de l'attribution des quotas. Or, dès 2013, 60 % des quotas vont être vendus aux industriels européens concernés, et non plus donnés gratuitement (avec quelques exceptions, comme d'habitude). À quel prix ? Quand démarre le débat sur la taxe carbone, personne ne le sait. Dit autrement, les sites sous quotas sont certains qu'ils vont payer quelque chose de significatif pour 60 % de leurs émissions dès 2013 (et 100 % en 2027), mais ils ne connaissent pas le niveau exact. Si la Commission européenne, qui attribue les quotas, décide que nous devons être dans le haut de la fourchette en ce qui concerne les ambitions européennes de réduction des émissions (rappelons-nous que nous sommes avant Copenhague), soit 30 % de baisse des émissions communautaires d'ici 2020, cela peut très bien dépasser 17 euros la tonne de $CO_2$. Et c'est la prise en compte de ce surcoût, qu'il s'agisse du coût d'ajustement à bref délai ou du prix à venir des quotas, qui a justifié que les sites sous quotas ne soient pas inclus dans le dispositif de la taxe première version. Était-ce si honteux ?

À part cette baisse du niveau de départ, ce qui est évidemment l'essentiel diront certains, le président – donc le gouvernement – reprend à son compte les conclusions de la commission Rocard, et opte pour le chèque vert. Il doit alors affronter trois obstacles de taille, dont le principal est sa propre majorité. Les députés et sénateurs, globalement ignorants des risques encourus en cas d'émissions excessives (qu'il s'agisse des risques liés au changement climatique ou à une dépendance trop importante de l'économie à un pétrole et un gaz situés hors de nos frontières et disponibles en quantités décroissantes), ne comprennent pas que, quoi que nous fassions désormais, nous n'aurons plus jamais la stabilité du prix de l'énergie fossile et la croissance perpétuelle. Cela est vrai de la majorité, mais aussi de l'opposition, pas mieux lotie sur le terrain de l'appréhension du problème. Ajoutons à cela qu'une bonne partie des Verts, arc-boutés dans une logique d'opposition systématique, se prononcent contre la mesure, et comprenne qui pourra ! Comme c'est hélas souvent le cas pour ce qui touche aux prélèvements obligatoires (les retraites en constituent un autre exemple), quand le débat quitte la sphère des techniciens de la question, qui essaient de discuter de manière un peu rationnelle, pour se transposer chez les élus, qui se répondent par journalistes politiques interposés, cela tourne à la cacophonie. Que, dans ce contexte, la loi de finances votée fin 2009 comporte une taxe carbone est assurément à mettre au crédit de l'opiniâtreté du président, même si les raisons pour lesquelles il a fait preuve de cette détermination restent pour partie mystérieuses au vu de son désintérêt manifesté pour les questions d'environnement dès l'arrivée du gouvernement Fillon 3.

C'est de l'endroit le plus inattendu qu'est venu le coup mortel : du Conseil constitutionnel, qui a invalidé la loi de finances quelques jours seulement avant la fin de l'année 2009. Il a jugé que l'exonération de 92 % des émissions industrielles de $CO_2$ n'était pas compatible avec l'objectif affirmé de cette taxe (dissuader les émissions de gaz à effet de serre), ni avec le principe d'égalité des citoyens devant l'impôt. Le Conseil a également relevé que, dans la mesure où la « contribution climat-énergie » prévue dans la loi de finances ne concernait que le $CO_2$ (et pas le méthane ni le protoxyde d'azote), l'assiette était finalement limitée à une petite moitié des émissions françaises (ce qui était vrai). Mais il s'est pris lui-même les pieds dans le tapis en écrivant par ailleurs dans les explications de sa décision que « des exonérations totales de contribution carbone sont également justifiées si les secteurs économiques concernés sont spécifiquement mis à contribution par un dispositif particulier. Tel est par exemple le cas de certaines entreprises [...] lorsqu'elles *appliquent des accords volontaires de réduction de gaz à effet de serre permettant d'atteindre des objectifs environnementaux équivalents ou d'accroître leur rendement énergétique*[1] ».

---

1. *Les Cahiers du Conseil constitutionnel* n° 28, juillet 2010.

Voilà donc notre Conseil constitutionnel qui écrit d'abord que l'exonération de secteurs déjà soumis à des contraintes est acceptable, y compris si ces contraintes prennent la forme d'accords volontaires, pour ensuite dire qu'il n'est pas acceptable d'exonérer les sites sous quotas (car l'essentiel des 92 % des émissions industrielles exonérées concernait les sites sous quotas), qui sont clairement dans un système un peu plus contraignant que celui de l'accord volontaire. On fait mieux comme cohérence !

L'histoire aurait pu ne pas s'arrêter là : après la décision du Conseil constitutionnel, un gouvernement profondément convaincu que la dépendance de la France aux hydrocarbures importés est un « poison mortel » pour l'économie, à défaut d'être profondément convaincu que nous étions en train de laisser dans l'histoire l'image d'une bande de pleutres incapables d'abandonner une petite fraction de notre confort pour préserver la paix et l'espérance de vie de nos petits-enfants, aurait évidemment remis le couvert. Il n'en a rien été. Pourtant, la France continue d'importer 99 % de son pétrole (35 % de notre consommation d'énergie) et 97 % de son gaz (20 % de notre consommation d'énergie), et nous continuons d'émettre bien trop pour préserver nos enfants de la guerre et du chaos. Ce que le Conseil constitutionnel et le gouvernement (et les parlementaires) n'ont pas compris, c'est que, entre 2000 et 2008, le prix des produits pétroliers a évolué exactement comme si nous avions appliqué au consommateur français une taxe carbone passant progressivement de 0 à 200 euros la tonne de $CO_2$. Deux cents euros la tonne de $CO_2$ ! Mais à qui a-t-elle été payée ? Essentiellement aux fonctionnaires saoudiens, irakiens, iraniens, qataris, russes, algériens, norvégiens, danois et néerlandais, c'est-à-dire aux États producteurs de pétrole, qui empochent l'essentiel de la hausse du prix du baril quand les cours s'envolent (et non les compagnies pétrolières comme Total, qui n'en récupèrent qu'une petite partie). Nous voulons bien subventionner les pays producteurs de pétrole à hauteur de 200 euros la tonne de $CO_2$, mais nous sommes incapables de nous mettre d'accord pour payer à notre propre État 17 euros la tonne de $CO_2$ pour commencer à préparer la France au XXI$^e$ siècle !

Imaginons pour finir que la taxe carbone telle que nous l'entendons ne soit jamais mise en œuvre. Sans contrainte annoncée sur le prix de l'énergie, l'économie n'entreprend pas les efforts massifs et urgentissimes nécessaires pour changer ce que nous appelons classiquement nos « modes de production » et nos « modes de consommation ». Dans ce contexte, le retour de la croissance, que tout le monde espère pour bientôt, est indissociable d'un retour de la hausse de la consommation d'énergie en général et de pétrole en particulier, comme nous l'avons expliqué au premier chapitre. Même une absence de récession signifie globalement un approvisionnement pétrolier énergétique constant.

Mais… nous sommes désormais au plateau de la production mondiale de pétrole. Comme nous l'avons vécu en 2008, une demande mondiale non contrainte devient bientôt impossible à satisfaire, les prix de l'énergie s'envolent, et l'économie entre à nouveau en récession, venant battre en brèche les plans de sortie de crise dont nous guettons actuellement le résultat comme sœur Anne son libérateur. Dans un monde non décarboné, plus vite la croissance repartira, plus vite arrivera le prochain choc pétrolier qui la tuera à nouveau. Il n'aura fallu que trois ans, entre 2008 et 2011, pour voir le processus se manifester de nouveau, annonçant une très probable récession pour 2012 ou 2013. Sans taxe carbone imposée, nous devrons payer une taxe carbone de plus en plus exorbitante à chaque choc pétrolier, d'abord sous forme d'inflation, et ensuite d'une hausse du chômage et peut-être de déstabilisations sociales massives.

Tous les élus et leaders d'opinion (journalistes compris) qui ignorent les processus physiques sous-jacents croient donc que, avec l'abandon (provisoire) de cette taxe, nous avons préservé le pouvoir d'achat de nos concitoyens. Il n'en est rien : nous avons augmenté la probabilité de la réédition de 1929. Et, comble de l'ironie, le coup de pied de l'âne est venu avec la loi de finances pour 2011. Avec la taxe carbone, les sommes en jeu pour la première année étaient de l'ordre de 8 milliards d'euros, dont une large part revenait directement dans les poches des contribuables, et le pays s'est enflammé. Fin 2010, le Parlement a voté une loi de finances prévoyant 11 milliards d'augmentation des impôts (en violation de l'engagement de Nicolas Sarkozy que nous avions tenté de respecter avec la proposition de chèque vert), dont une augmentation des charges sociales que la taxe carbone devait précisément permettre de baisser à terme. Personne n'a bronché ! On vit une drôle d'époque...

## *De Rio à Copenhague (en attendant Durban)*

Après la taxe carbone, l'autre grand débat des dernières années sur le terrain du climat est le processus de négociations mondiales. La conférence de Copenhague n'était pas terminée que, déjà, nombre de médias français et mondiaux avaient tranché : le succès n'avait pas été au rendez-vous. De là à parler d'échec, il n'y avait qu'un pas... et il fut franchi ! Mais n'est-ce pas là un jugement un peu rapide ?

Revenons un peu en arrière. En 1992, tous les pays du monde, réunis à Rio pour le Sommet de la Terre, signent la Convention sur le climat, qui acte le fait qu'il faut éviter de créer une perturbation climatique ingérable. L'objectif ultime de cette convention est, à la lettre, de « [...] stabiliser [...] les concentrations de gaz à effet de serre dans l'atmosphère à un niveau qui empêche toute perturbation anthropique[1] dangereuse du

---

1. « Anthropique » signifie « dû à l'activité humaine ».

système climatique. Il conviendra d'atteindre ce niveau dans un délai suffisant pour que les écosystèmes puissent s'adapter naturellement aux changements climatiques, que la production alimentaire ne soit pas menacée et que le développement économique puisse se poursuivre d'une manière durable ». L'objectif est donc clair, mais pas la limite à ne pas franchir, ni le moyen d'agir : quelle est la concentration maximale de gaz à effet de serre qui déclenche une perturbation « dangereuse » du système climatique ? De combien faut-il réduire les émissions pour respecter ce seuil ? Comment doit être réparti l'effort en pareil cas ? Quels instruments utiliser ? Faut-il créer une taxe mondiale pour cela ? Si oui, la faire collecter par qui ? Et autres menus détails de la plus grande importance...

La Convention sur le climat indique également que les signataires (les « parties » dans le jargon onusien) devront se réunir une fois par an. C'est la « Conference Of the Parties » ou COP, dont Copenhague, en 2009, était la quinzième édition. Au cours de la troisième, à Kyoto en 1997, les signataires se sont accordés sur la première marche de l'escalier qui devait mener au paradis. C'est le protocole de Kyoto, qui entre autres choses donne à certains pays (dits « de l'annexe 1 ») des obligations de réductions qui seront mesurées entre 1990 et la moyenne de la période 2008-2012. Ce texte n'est pas sorti d'un chapeau pendant la COP : il a été préparé pendant des années de discussions par les délégations des pays représentés à la Convention (donc tous les pays du monde, pour faire simple), délégations qui sont permanentes et donc négocient toute l'année. Leur rencontre pendant les COP n'est que la partie médiatiquement la plus visible du processus. Mais, détail qui a son importance, pour qu'un texte soit adopté au regard des règles des Nations unies, il faut obligatoirement un accord unanime au cours d'une séance plénière de la COP.

Avant d'entrer en vigueur, un texte adopté dans ces conditions doit encore être ratifié, comme tout traité. Cela signifie passer devant les Parlements nationaux, voire devant le peuple par référendum, pour que les pays avalisent ce qui a été accepté par la délégation nationale. Si un pays ne ratifie pas un traité, ce dernier ne lui sera jamais opposable. À cette occasion, rappelons un petit détail : la Constitution américaine confie explicitement le pouvoir de ratification des traités au Sénat, qui doit les approuver par une majorité des deux tiers. Ce n'est donc pas tant le président américain qui décide de la politique étrangère, qu'une alliance nécessairement unanime entre présidence et Sénat. À l'époque de Clinton, quand Al Gore était vice-président, le Sénat américain était déjà hostile à tout accord de réduction des émissions n'incluant pas la Chine et d'autres pays émergents. Les autres pays pouvaient donc bien être séduits par le sémillant vice-président qui recevra le prix Nobel, ce n'est pas lui qui avait les clés du pouvoir.

Après ce préambule, revenons à Copenhague : qu'est-ce qui aurait constitué un succès ? Sans doute le fait que l'assemblée des nations représentées ait adopté par consensus, comme à Kyoto, un texte complet prévoyant l'« après-Kyoto » (Kyoto ne prévoit plus de niveau de baisse des émissions après 2012). C'est seulement quand il est adopté dans ces conditions qu'un accord est appelé « juridiquement contraignant ». Notons cependant qu'un texte « juridiquement contraignant » pour l'ONU ne comporte pas nécessairement des dispositions… très contraignantes ! Kyoto, « juridiquement contraignant » dans la lettre, ne prévoyait pourtant aucune contrainte pour nombre de signataires, et aucune sanction en cas de non-respect de l'engagement pour ceux qui en avaient un.

La bonne question serait donc : le fait que Kyoto ait été produit « dans les règles » et ait satisfait à la définition de « texte juridiquement contraignant » a-t-il eu pour conséquence d'infléchir les émissions des pays signataires ? Cela se discute : les États-Unis n'ont jamais ratifié ce texte (et donc n'en ont tenu aucun compte pour leurs émissions), la Russie l'a fait huit ans après (en 2005), alors que la récession qui a suivi la chute du mur de Berlin s'était déjà chargée de diminuer ses émissions de 35 % par rapport à 1990, l'Australie l'a ratifié plus de dix ans après, à un moment où ce geste n'avait aucune valeur puisque ses émissions avaient augmenté de 30 % pour un engagement sur une hausse limitée à 8 %, et les engagements de réduction de nombreux pays sont restés lettre morte (Espagne, Grèce, Danemark, Japon, Finlande, Portugal, Autriche, Canada…). Les pays qui ont ouvertement violé ce texte « juridiquement contraignant » n'ont subi aucune mise à l'index sur le plan commercial ou politique, ni aucun inconvénient de court terme. Les médias français continuent même de présenter deux pays qui n'ont pas respecté leur engagement (Danemark et Autriche) comme plus écologiques que nous, alors que la France a tenu le sien !

Était-il si facile d'arriver à un accord « juridiquement contraignant » à Copenhague ? Quiconque réalise ce que signifie, pour le mode de vie occidental, de limiter la hausse de la moyenne planétaire à 2 °C comprend que ça ne va pas être simple d'y arriver. Par ailleurs, les chefs d'État des pays représentés, à l'exception de l'Europe, avaient le plus souvent pour tout bagage de grandes déclarations effectuées la main sur le cœur quelques semaines ou quelques mois auparavant, mais aucun historique d'actions fortes à domicile (quotas, taxes, réglementations sévères). Croire, dans ces conditions, qu'il suffisait d'un peu de bonne volonté pour que, en l'espace d'une quinzaine de jours, 190 délégués, généralement pas très haut placés dans l'appareil d'État, venant de pays aux intérêts aussi contrastés que la Chine et l'Islande ou le Congo et la Russie, s'accordent sur un texte de quelques centaines de pages, était à tout le moins faire preuve d'une certaine naïveté. D'une certaine manière, ce qui pouvait sortir de mieux à Copenhague n'était pas un texte de deux cents pages signé par tous et prévoyant tout dans les moindres détails, mais justement… ce qui en est sorti.

Car Copenhague a vu se produire deux éléments nouveaux dans les négociations sur le climat. Le premier, c'est l'apparition d'un « conseil d'administration » dans la mécanique des Nations unies. Le processus habituel, nous l'avons vu, est que les textes élaborés par les négociateurs soient approuvés au niveau de l'Assemblée générale, à l'unanimité. Un tel processus donnant en pratique un droit de veto à n'importe qui, il est facile de comprendre qu'avec cette méthode on ne peut faire adopter rapidement que des mesures qui ne dérangeront personne. Or imaginer que personne ne perde rien dans la lutte contre le changement climatique est une chimère, même si le monde dans son ensemble doit à l'avenir bien mieux s'en porter. Du reste, ce n'est pas pour rien que, sur la question militaire, les Nations unies ont créé un Conseil de sécurité, dont le nombre de membres est bien plus restreint et qui peut prendre rapidement des décisions par vote à la majorité qualifiée. Quand l'heure est grave, il faut pouvoir aller vite !

Jusqu'à Copenhague, donc, les négociations sur le climat fonctionnaient comme une société qui n'aurait pas eu de conseil d'administration ni de président, mais seulement des assemblées générales prenant toutes les décisions, avec un secrétariat gérant les aspects logistiques. À Copenhague naît un niveau intermédiaire, composé des vingt-huit chefs d'État qui ont décidé qu'ils représentaient les intérêts de la Terre entière, et qui se sont réunis dans la nuit du jeudi au vendredi de la seconde semaine pour accoucher en l'espace de quelques heures d'un texte de deux pages qui s'est ensuite appelé « accord de Copenhague ». Ce texte ne prévoyait pas tout ? En deux pages, on peut difficilement y parvenir ! Représentait-il une régression par rapport aux textes de quelques centaines de pages qui se négociaient avant ? Peut-être, mais le texte en discussion « à la régulière » comportait quelques centaines d'expressions qui faisaient l'objet d'une divergence de vue avant l'ouverture de Copenhague, à commencer par la limite haute de l'élévation de température à ne pas dépasser, et il témoignait d'un processus d'enlisement finalement assez logique avec un peu de recul.

Rappelons que la manière logique de procéder, en matière de traités, est que les chefs d'État des pays concernés commencent par s'accorder sur un objectif politique clair et concret (faire la paix, instaurer tel type de coopération monétaire, extrader des ressortissants coupables de crimes), puis des négociateurs techniques se mettent au travail, jusqu'à accoucher d'un texte précisant les modalités de mise en œuvre de l'objectif, qui sera signé en grande pompe par les chefs d'État en question. Dans le cas qui nous occupe, la Convention sur le climat (celle de Rio, en 1992) avait laissé inachevée la définition de l'objectif politique, en ne définissant pas la concentration maximale de gaz à effet de serre qui mènerait à un « changement climatique dangereux ». Dans ce contexte, les délégations techniques n'avaient aucune chance d'avancer, sauf sur quelques objectifs secondaires. Comme le carbone est partout, discuter des émissions de gaz à effet de serre, c'est en effet discuter de la consommation, sacrée en démocratie (et 75 % des émissions mondiales proviennent de démocraties). Pendant tout le temps qui a séparé Rio de Copenhague, nous avons en pratique fait semblant de croire que des techniciens pas très haut placés pouvaient imposer à la terre entière jusqu'où devait aller la société de consommation !

Certes, il n'est jamais interdit aux techniciens de suggérer des idées de fond (c'est même comme cela que fonctionne l'Europe, avec beaucoup d'avantages), mais *in fine* c'est bien aux chefs d'État qu'il revient de préciser le but à atteindre. C'est ce qui s'est passé à Copenhague : en écrivant noir sur blanc qu'il fallait rester sous 2 °C d'augmentation de température, ils ont dit que les émissions planétaires devaient être divisées par 3 d'ici à 2050. Voilà enfin un objectif concret. Maintenant, et maintenant seulement, on peut commencer à discuter des moyens (qui seront titanesques) et du calendrier. Pourquoi cela ne s'est-il pas passé avant ? Parce que nos grands élus, insuffisamment poussés par des électeurs tous un peu schizophrènes, n'ont pas jugé utile de consacrer du temps à cette douloureuse question plus tôt. N'oublions pas non plus les huit ans de rétropédalage d'un certain George Bush, qui ne restera pas dans les annales comme un homme d'une clairvoyance hors normes, pour rester poli (appréciation qui s'étend à ses lieutenants du premier cercle).

Une dernière précision sera utile pour bien interpréter ce qui s'est passé chez les Danois : un projet d'accord mondial qui concernera l'ensemble des nations naît généralement sur l'initiative d'un noyau dur de pays, dans lesquels il y a au moins une grande puissance. Un accord au sein du G20, sur proposition de quelques-uns de ses membres, est une des manières d'y parvenir. Un tel accord est généralement consigné en deux ou trois pages, parce qu'il s'agit d'objectifs politiques et non de traités techniques, qui seront négociés ailleurs. À Copenhague, l'objectif politique a *enfin* été défini, dans le cadre d'un processus de type G20, qui a pris place au cœur du processus onusien qui marchait sans tête. Ce n'est pas démocratique ? Mais l'absence d'objectif l'est-elle beaucoup plus ? C'est se plier aux volontés des puissants ? Hélas, dans le monde tel qu'il est, le fameux « *vae victis*[1] » de César s'applique à plein. Certes, cette « nuit des Longs Couteaux » a permis à une instance de type G20 d'imposer sa volonté aux autres pays de manière un peu violente, mais c'était cela ou… une histoire sans fin.

Au contraire, la participation des chefs des plus grands États du monde à la rédaction d'un texte qui prévoit de limiter la hausse de température planétaire à 2 °C était plutôt un succès, et à tout le moins ce point aurait dû nous dissuader d'utiliser le mot « échec » pour qualifier l'ensemble du processus. Du reste, comment donc ce mot est-il arrivé dans notre histoire, alors que

---

1. « Malheur aux vaincus. »

les négociations n'étaient même pas terminées et que, par la force des choses, personne n'avait assez de hauteur de vue pour comprendre ce qui était en train de se passer ?

Petit retour en arrière : nous sommes donc le jeudi soir de la seconde semaine, dans l'enceinte du centre de conférences. Dix jours se sont écoulés depuis le début des négociations, et l'ambiance est un peu tendue. Les délégués techniques n'ont pas pu parvenir à un accord (et comment le pourraient-ils, puisque, à bref délai, il s'agit plus ou moins de comprimer le pouvoir d'achat des Occidentaux de manière volontaire ?) et les ministres n'auront pas fait beaucoup mieux. Pourtant, cela faisait des mois que la presse avait focalisé l'attention sur cette réunion des parties, celle de la « dernière chance ». Après 2012 les pays n'auront plus d'engagement de réduction au titre de Kyoto. Comme il faut le temps de mettre en place de nouveaux engagements une fois ceux-ci décidés, nombreux sont ceux qui considèrent que, si un accord n'est pas trouvé à Copenhague, il sera impossible de fixer un cadre pour 2013. Du coup, les chefs d'État sont attendus comme des messies qui vont créer, d'un coup de baguette magique, l'accord « juridiquement contraignant » tant attendu, accord que les délégations techniques n'ont pas été capables de forger. Comme les cardinaux à Rome, la « bande des 28 » s'enferme dans une salle pour discuter. Très vite, les premiers brouillons fuitent (en pareil cas, il y a toujours des fuites) et arrivent sur les bureaux des journalistes qui attendent tous, dans la salle de presse, qu'il se passe quelque chose. Question : qui peut commenter le contenu de ces premiers textes ? Pas les chefs de délégation, qui à ce moment sont les présidents occupés à négocier dans la salle. Pas les techniciens des délégations, des fonctionnaires qui vont bien se garder de faire le moindre commentaire public sur le travail en cours de leurs grands patrons. Les seuls interlocuteurs disponibles pour parler dans un micro – et qui le faisaient d'autant plus volontiers qu'ils étaient là pour cela – étaient soit les représentants d'ONG, soit les parlementaires de l'opposition inclus dans la délégation nationale.

De nouveau, un petit retour en arrière s'impose. La COP précédant celle de Copenhague, à Poznan, avait accueilli 10 000 personnes. Sentant bien qu'il y aurait un peu plus de monde, les organisateurs danois ont tablé sur 15 000 participants, et le lieu qui a accueilli la COP (le Parc des Expositions) était prévu pour cette capacité mais pas plus. Or, ce sont 45 000 individus qui se sont inscrits ! Sont venus environ 5 000 journalistes, 10 000 membres des délégations nationales des pays qui négocient, le reste étant constitué de représentants d'ONG diverses, essentiellement axées sur la défense de l'environnement. Mais les arrivées ont été concentrées sur la fin : pour les quatre derniers jours de la COP, avec la venue des chefs d'État, les effectifs des délégations nationales ont doublé ou triplé, et cette inflation des délégations était déjà significative à l'arrivée des ministres, au début de la seconde semaine. Grâce à ceux qui ne sont finalement jamais venus, il a été possible à tous les présents ou à peu près de rentrer dans le centre de conférences pendant la première semaine de la COP. Mais, à l'arrivée des ministres, et plus encore des chefs d'État, il y avait plus de présents que la capacité du centre de conférences ne pouvait en accueillir (et dépasser la limite n'était pas possible pour des raisons de sécurité). Les organisateurs ont alors considéré que les délégations nationales, venues pour négocier, et la presse, venue pour rendre compte, étaient les catégories prioritaires. Du coup, les observateurs ont été de plus en plus contingentés : pendant la « nuit des chefs d'État », seuls 90 représentants d'ONG ont pu pénétrer dans le centre de conférences ! Et ces derniers se sont hâtés de crier – à tort – au complot.

Revenons au plus profond de la nuit du jeudi au vendredi : le personnel politique le plus haut placé est occupé à négocier, et des brouillons fuitent. Les délégations techniques doivent rester muettes, et les représentants d'ONG qui ont pu entrer, survoltés à cause du rationnement des entrées, sont là à attendre, comme les journalistes, qu'il se passe quelque chose. Ils se ruent donc sur les premiers brouillons, et seront les premiers à commenter ce qui se passe devant des journalistes qui doivent envoyer des papiers le plus vite possible. Or, des représentants d'ONG, habitués à exiger un monde merveilleux, et au surplus très énervés par les restrictions d'accès, ne peuvent qu'être déçus face au texte en 12 ou 13 articles qui circule : c'est beaucoup moins bien qu'un accord « juridiquement contraignant » ! La presse reprend à chaud les premières déclarations des seuls qui peuvent s'exprimer à ce moment-là : Copenhague est un échec. Le mot est lancé, et plus rien n'y fera : le verre à moitié plein n'aura plus droit de cité.

Pourtant, on venait enfin d'accoucher d'un objectif politique. C'était essentiel ! L'accord de Copenhague contenait d'autres avancées : il ouvrait la voie à une forme de taxe Tobin, prévoyait la mise en place rapide d'un fonds de 100 milliards de dollars pour aider les pays du Sud, prévoyait déjà la possibilité de faire mieux encore (limiter la hausse à 1,5 °C), et entérinait des engagements unilatéraux de réduction de leurs émissions de nombreux pays, dont les États-Unis (une première mondiale), l'Inde (*idem*), le Brésil (*idem*) et bien d'autres encore. Il n'y a pas de sanction prévue en cas de non-respect ? Mais il n'y en avait pas davantage dans Kyoto !

À force de parler d'échec, une partie de la prophétie deviendra autoréalisatrice. Comment Barack Obama, de retour d'une conférence dont on dit qu'elle fut un échec, peut-il justifier la ratification de cet accord devant le Sénat américain ? Et, si les États-Unis n'ont toujours pas de loi sur le climat et l'énergie, on le doit peut-être un peu à cette réaction épidermique de représentants d'ONG née dans la capitale danoise début décembre 2009... Même chose en Europe, où le souffle est retombé après Copenhague, et cela n'est pas pour rien dans la marée de climatoscepticisme qui a prospéré ensuite. Et puis...

il y a eu Cancún, qui fut d'une certaine manière le symétrique de Copenhague : personne n'en attendait rien, et un nouvel espoir en est sorti. Mais, au fond, est-ce si étonnant ? N'a-t-on pas au contraire assisté, de manière parfaitement normale, à la reprise du processus maintenant qu'existe un mandat politique clair dans cette affaire ?

*Chapitre VII*

## À TABLE !

Reflet probable d'une misanthropie sous-jacente, et parfaitement explicite dans la *deep ecology* des militants historiques de l'environnement, pour qui l'homme est plus un gêneur à évacuer par la force qu'une espèce en danger (alors que c'est bien le cas !), une bonne partie des discours sur la défense de la planète n'ont eu de cesse d'opposer homme et nature, économie (convention des hommes) et environnement (physique), comme si défendre l'environnement sur une planète sans hommes avait un sens. Notre civilisation d'urbains coupés du monde extérieur ne comprend plus que la défense de la planète, c'est en fait la préservation de notre toit, de notre gîte, de notre couvert, de notre salle de spectacles et de tous les objets qui nous entourent. Réconcilier l'environnement et l'économie est un effort qui reste encore hors de portée de nombre de militants, car il porte en germe l'idée coupable qu'il est acceptable de *profiter* de la planète au lieu de lui fiche la paix. Quand il s'agit d'environnement, nous avons presque honte d'exister !

L'apparition d'un militantisme environnemental décomplexé quant à son rapport à l'argent, ne perdant pas de vue les objectifs et acceptant qu'une planète préservée soit un but tant qu'il y aura des hommes dessus (personne ne se plaint de ce que Mars ou Jupiter soient privées d'ours polaires !), est récente. La défense de l'environnement doit devenir une préoccupation primordiale de nos sociétés, et donc de notre économie, non parce qu'il est immoral de le dégrader, mais parce que c'est le patrimoine sur lequel nous fondons notre survie et notre prospérité. Rappelons qu'il ne saurait y avoir d'humanité prospère et le moindre PIB bien gras et bien dodu sur une planète dévastée. La société des hommes ne sait rien faire d'autre que de transformer des ressources naturelles ; un manque de ressources impliquera une humanité en piteux état et, au train où nous sommes partis, cela n'attendra pas les générations futures. Pour ce qui concerne le pétrole, cela a déjà commencé...

Il va donc falloir calmer notre boulimie de ressources. Mais qui veut se mettre au régime ? Évidemment, personne. Plus exactement, en démocratie, la grande majorité des citoyens ne le voudront pas sans contrepartie individuelle bien palpable. Ne serions-nous donc que des égoïstes individualistes ? Souvent, hélas, et c'est une donnée du problème. Tous les efforts que nous sommes capables d'accomplir dans un univers assez peu contraint ont une contrepartie directe pour nous-mêmes. Et c'est bien pour obtenir plus de contreparties, pour nous ou nos proches, éventuellement plus tard, que nous faisons ces efforts, jamais pour avoir moins de plaisir tout de suite ! Un régime ne sert pas à moins manger tout de suite, mais à se sentir mieux « plus tard ». Une personne économe ne recherche pas une restriction immédiate, mais moins de stress plus tard. Un lycéen ou un étudiant studieux n'achètent pas moins de soirées tout de suite, mais un meilleur avenir plus tard. Même un aviateur qui part se battre ne le fait pas pour raccourcir son espérance de vie tout de suite, mais pour obtenir plus de gloire plus tard. L'argumentaire sur les aspects positifs, éventuellement futurs, est donc la clé du succès pour l'acceptation des efforts. Du reste, tout spot publicitaire vante les avantages futurs du bien proposé, non les sacrifices immédiats que cela représente d'y accéder ; il doit donc y avoir un vague rapport entre l'envie d'y croire et les arguments que l'on vous met sous le nez !

## À TABLE !

Si nous voulons relever le défi du carbone, il n'y a pas de raison de changer une recette qui gagne. Il va falloir se creuser un peu la cervelle pour transformer le défi en projets excitants. Simple ! Bien sûr, la vraie vie est toujours moins simple que les théories sur le papier, parce que la première chose que nous devons accepter est que le bateau est en train de couler. Quand le bateau coule, on peut évidemment faire des tas de projets qui supposent que le bateau reste à flot, mais la probabilité qu'ils soient réalistes n'est pas très élevée. Même s'ils sont plus difficiles à envisager à court terme, il vaut mieux faire des projets qui commencent par la mise à l'eau du radeau de survie.

Le bateau qui coule, pour le propos qui est le nôtre, c'est l'économie carbonée : par quelque bout que l'on prenne le problème, qu'il s'agisse des contraintes géologiques sur le pétrole (qui représente encore plus de 40 % de l'énergie finale dans le monde) ou de l'impérieuse nécessité de ne pas faire sortir le système climatique d'une zone de relative stabilité, l'approvisionnement fossile va décroître. Tout plan qui présuppose une économie bâtie sur des flux carbonés croissants fera donc faillite tôt ou tard, la limite se comptant en décennies et non en siècles. Cela pourrait même être une affaire de moins de dix ans pour l'Europe, la trajectoire du laisser-faire nous amenant assez vite à des craquements de plus en plus amples du système de consumérisme facile que nous croyions avoir établi pour l'éternité. Une conclusion simple s'impose alors : quoi que nous envisagions pour l'avenir, il faut commencer par décarboner l'économie.

Mais cela fait-il un projet de société ? Eh bien oui, et pour au moins cinquante ans : comme le carbone, c'est l'énergie, et que l'énergie pilote tous les flux qui sous-tendent notre système industriel, décarboner l'économie, c'est toucher à tout. Et toucher à tout pour rendre la société de 9 milliards d'hommes « durable » nous occupera bien pendant quelques décennies ! Un tel projet concernera en effet ce que nous ferons comme métier, l'endroit où nous habiterons, la manière dont fonctionnera le système de soins, nos pratiques agricoles et ce que nous trouverons dans notre assiette, notre mobilité, notre lieu de vacances, la manière dont nous concevrons notre armée et notre diplomatie, la consolidation de l'Europe, les procédés qui seront utilisés dans les usines, ainsi que la taille et l'emplacement de ces dernières, la productivité du travail et donc la manière de gérer les retraites… Comme l'énergie est devenue le terme dominant dans les flux de production qui alimentent la société occidentale, tant que nous ne nous occuperons pas sérieusement de ce sujet, nous pourrons bien croire à toutes les autres promesses faites pour l'avenir, la quasi-totalité viendra buter sur la contrainte carbone… et fera faillite. Prendre la contrainte carbone à bras-le-corps n'est donc pas une option. Si nous ne faisons pas le premier pas, c'est elle qui choisira la forme de l'étreinte.

Vouloir la décarbonisation massive de l'économie donne alors une colonne vertébrale très structurante pour l'avenir. Et comment s'appelle un programme pour l'avenir qui englobe tout ce qui concerne la société des hommes ? Cela ne s'appellerait pas un programme politique, par hasard ? Bien sûr que si ! Le drame, c'est qu'aujourd'hui ce programme n'est porté par personne. La plupart des écologistes politiques ne parviennent pas à être lisibles, trop empêtrés dans leur haine du grand capital pour concocter un projet qui pourrait aussi, horreur, favoriser le chiffre d'affaires de certains gros acteurs de l'économie. Et ceux qui se focalisent sur le chiffre d'affaires des (gros) acteurs de l'économie – PS et UMP pour faire simple – sont, quoi qu'ils en disent, séparés par une feuille de papier à cigarette en ce qui concerne leur absence de volonté réelle de gérer la contrainte carbone. Ils n'ont globalement toujours pas compris que les contraintes énergétiques dures commençaient maintenant, et qu'elles seraient plus fortes qu'eux. Les dix à quinze députés (seulement !) qui sont bien au fait des sujets évoqués dans ce livre sont, quel que soit leur parti d'appartenance, assez proches dans leurs analyses et conclusions, et tous très éloignés des leaders de leurs partis respectifs.

Or donc, dès que la petite formalité de trouver le chef de projet sera réglée, on pourra avancer. Mais avancer ne signifie-t-il pas qu'il va falloir se serrer la ceinture ? Certes, mais si nous nous y prenons bien, nous nous en rendrons à peine compte, parce que le plaisir d'être impliqué dans un projet global qui a du sens est un stimulant puissant, capable de faire oublier les petites misères qui semblent insupportables quand l'avenir est bouché. Il y a aujourd'hui un sentiment suffisant de *no future* pour que nous soyons prêts à payer d'un peu de pouvoir d'achat une vision radieuse de l'avenir et de l'espoir pour nos enfants, si le talent pour nous la vendre veut bien apparaître dans la classe politique.

L'atout maître de la décarbonisation de l'économie est terriblement en phase avec ce besoin : il s'appelle des emplois et des projets. Qu'est-ce qu'une entreprise ? Un compte de résultats et de sales actionnaires qui s'en mettent plein les poches, certes, mais aussi et avant tout un projet et des emplois. Qu'est-ce qu'une association ? Un projet et des occupations le plus souvent non rémunérées. Or il y a de plus en plus d'associations en France, ce qui montre bien que, une fois qu'on a accès à l'essentiel, la recherche de sens peut être plus forte que l'envie de consommer. Le défi politique est donc clair : il faut incarner la décarbonisation de l'économie dans des projets de terrain qui donneront du sens à nos existences quotidiennes. À cette condition, et à cette condition seulement, les efforts indispensables seront compris et acceptés par une majorité de la population. Ce qui a fait trébucher la taxe carbone, au fond, c'est qu'il n'y avait aucune vision politique exaltante sous-jacente. Où étaient-ils, les discours enflammés du président expliquant que l'Europe était partie pour sa conquête de sa Lune à elle, et que la taxe carbone serait son combustible ? Que nous allions inventer le nouveau siècle, avec moins d'énergie mais plus de travail, et que cela justifiait moins d'impôts sur le travail et plus sur l'énergie ? À l'opposé, la raison pour laquelle le Grenelle a passionné ses participants, c'est que, l'espace de quelques mois, tous ont pu rêver ensemble des possibles contours de la maison commune. Le maître mot pour se sortir de la panade, c'est l'enthousiasme.

Des projets qui demandent des efforts, nous en avons déjà vu beaucoup dans l'histoire : la conquête de la Lune, la ruée vers l'or, la construction des villes, l'édification de la paix grâce au marché commun en Europe... Chaque fois que l'objectif est clair, et que l'aptitude à l'incarner en projets concrets est là, cela fonctionne. La meilleure manière dont l'Europe peut sauver la Terre entière – et accessoirement elle-même – est de se concentrer sur des projets qui serviront cet objectif, et auront comme résultat tangible et immédiat... d'embaucher.

Restent trois petits écueils à franchir pour y parvenir : savoir quoi faire, avec quel argent le faire, et assumer (sans en faire un argument publicitaire, évidemment !) le fait qu'il y aura des perdants. Mais il y en aura moins qu'ailleurs : l'Europe, habituée depuis un demi-siècle désormais à faire tourner son économie avec de moins en moins de ressources sur son sol, a mis au point moult procédés, modes d'organisation et astuces diverses pour s'en accommoder. Le résultat est que, dans de très nombreux domaines industriels, économiques ou même bancaires qui sont nécessaires à la décarbonisation de l'économie, notre vieux continent accueille (pour encore quelques années seulement, parfois, mais c'est une raison de plus pour ne pas attendre) des champions mondiaux potentiels.

Le mérite est tout relatif : nous avons dû apprendre à nous débrouiller avec moins, comparativement aux Américains, qui ont eu à se débrouiller avec plus, et aux Asiatiques, qui sont pour partie dans une situation comparable. Le seul pays véritablement comparable à l'Europe est le Japon, qui a connu exactement la même trajectoire de développement, c'est-à-dire une activité industrielle intense avec très peu de ressources sur son sol. Cette histoire commune a produit des sociétés d'ingénieurs, cherchant l'optimisation des procédés en univers confiné. Les États-Unis, eux, ont bâti une société de juristes pour s'approprier l'expansion sans nécessairement fignoler la technique, cette appropriation incluant les ingénieurs des autres (qu'ils importent d'ailleurs, pour qu'ensuite leurs excellents juristes déposent force brevets basés sur les inventions des ingénieurs importés, comme quoi ces Américains sont vraiment forts !).

Grâce à l'histoire, nous avons déjà pris une partie des habitudes qu'il va falloir renforcer pour franchir le mur de la contrainte carbone. Alors, puisque nous pouvons jouer avec les atouts dans notre manche, *avanti* !

*Quand le bâtiment va...*

En France, 45 % de l'énergie finale sont consommés par les bâtiments, pour le chauffage (environ la moitié), l'eau chaude sanitaire (environ 15 %), et les mille et un appareils électriques divers qui peuplent désormais notre tanière (un peu moins de 40 %). Rajoutons que 25 % de l'énergie finale servent aux transports, qui permettent d'aller d'un bâtiment à un autre, et il apparaît que l'urbanisme et la construction sont des chantiers obligés pour avancer dans la transition postcarbone. Cette part de l'énergie consommée dans les bâtiments n'est pas l'apanage de la France : les autres pays industrialisés des moyennes latitudes sont dans une situation comparable. Une évidence s'impose donc : il faut s'attaquer au bâtiment, en commençant par l'enveloppe, c'est-à-dire la performance thermique. Cela tombe bien : le problème est simple à résoudre sur le plan technique, et rentable sur le plan économique ; il suffit d'attendre ! Il ne pose « que » des problèmes de réglementation, d'organisation et de formation de la filière, de qualité du travail, d'accès au crédit, de prix de l'énergie, d'organisation des chantiers, et quelques petites difficultés supplémentaires, mais dont aucune n'est physiquement insurmontable. Nous n'avons pas besoin de la moindre percée technique pour commencer à faire les choses en grand dans le bâtiment, qui représente, production de l'électricité consommée incluse, environ un quart des émissions de gaz à effet de serre dans le monde.

L'action va donc commencer par la rénovation thermique des bâtiments qui existeront toujours dans un monde avec moins de carbone, mais aussi… la destruction des autres, à mesure qu'ils deviendront inutiles. Cette inutilité sera un effet de la probable contraction des bassins d'emploi tertiaire, si nous adhérons au lien entre énergie et structure des métiers qui a été évoqué dans ses grandes lignes au début de cet ouvrage. Comment cela, détruire des bâtiments ? S'ils deviennent sans objet dans une société qui se réorganise, cela sera aussi pertinent de le faire pour récupérer tous les matériaux qui s'y trouvent que de les laisser pourrir sur place, sans occupants. C'est aussi cela le recyclage !

Comment savoir quels sont les bâtiments à garder ? En instaurant des mécanismes qui vont les sélectionner statistiquement lorsque l'obligation de rénovation s'appliquera. Une suggestion parmi d'autres : si tout logement ou bâtiment tertiaire doit faire l'objet d'une rénovation lourde au moment de sa vente (obligation à la charge de l'acheteur), cette mesure ciblera préférentiellement les bâtiments qui resteront utiles en univers énergétiquement contraint, puisque ce seront ceux qui continueront à se vendre ! En outre, c'est au moment de la vente que les bâtiments se vident, ce qui permet de les rénover avec le plus de facilité. Ce mécanisme aura aussi pour conséquence d'inclure directement la performance thermique réelle dans le prix de marché. Enfin, il ne sera pas interdit de remettre au goût du jour un peu de planification en ce qui concerne l'occupation du territoire, avec, sur les dispositions d'urbanisme, des règles plus cohérentes avec le problème à traiter. Si nous cherchons de manière constructive comment traiter cette question, nous trouverons. Pour le moment, la question n'a jamais été posée.

Pour déployer une activité de rénovation thermique performante à grande échelle, il faudra disposer des compétences, qui pour l'heure restent insuffisantes en quantité et en qualité. Or, ces dernières ne peuvent s'acquérir que s'il y a des gros gâteaux à la clé, car c'est le seul contexte dans lequel les entreprises acceptent d'investir du temps et de l'argent dans la formation. En pratique, il y a deux manières pour l'État de parvenir au résultat souhaité en tenant compte de cette réalité. La première est d'imposer une obligation de formation aux artisans et aux entreprises du bâtiment, en réservant un traitement économiquement défavorable à ceux qui ne s'y plient pas (perte de subventions, pénalités, taux de TVA supérieur, etc.). La seconde est de susciter des appels d'offres de quelques milliards d'euros dans le domaine concerné, pour lesquels l'adjudicateur prévient qu'il y aura une forte exigence de résultat sur la prestation. Dans ce second cas, même s'il n'est pas au niveau au départ, le bénéficiaire peut financer sa formation avec une partie de l'argent du marché.

Peut-on être plus précis ? Côté bâton, on peut imaginer d'obliger tous les artisans du bâtiment, qui seront les acteurs essentiels du dispositif, à passer en formation sur la rénovation thermique lourde sous trois à cinq ans, faute de quoi ils perdraient la TVA à 5,5 % pour repasser à 19,6 %. Côté carotte, l'État pourrait se donner vingt ans pour rénover la totalité du patrimoine bâti lui appartenant, avec par extension une obligation similaire pour tous les bâtiments appartenant aux collectivités locales (bâtiments d'enseignement et de santé au premier chef) et les offices HLM.

Le patrimoine en question est généralement situé dans des zones centrales, héberge pour partie des fonctions sociales de base (hôpitaux, écoles, commissariats, mairies), et concerne donc des bâtiments qui ont toutes les chances de rester globalement « vivants » dans les décennies qui viennent. Et, comme nous avons affaire à de gros propriétaires fonciers, il leur sera facile de lancer des appels d'offres pour de grosses sommes, permettant aux entreprises sélectionnées de se former à l'occasion. Il faut changer la loi pour cela, parce que la séparation des budgets d'investissement et de fonctionnement empêche de rentabiliser la rénovation des bâtiments publics par les futures économies d'énergie ? Changeons la loi ! Ce sera plus facile que de changer de planète… Sur des marchés colossaux de ce type, on trouvera des acteurs prêts à encaisser le choc : nous avons en France deux des plus gros groupes de construction au monde. Ils vont gagner beaucoup d'argent ? Tant mieux pour eux. Si nous pensons qu'ils en gagnent trop, nous trouverons assez facilement un moyen de leur en reprendre une partie ! Dans tous les cas, cela fera toujours moins que ce qu'ont gagné les banquiers en finançant la hausse des prix de l'immobilier depuis trente ans, laquelle n'a pour le coup strictement aucune utilité sociale. Reste à concevoir le cahier des charges qui doit s'appliquer à ces opérations. Là aussi, cela tombe bien : même si nous la décrions souvent, nous avons en France une administration qui conserve une aptitude à réglementer de manière globalement pertinente, pour peu que la question qui lui est posée par le politique ait du sens…

Sociétés d'ingénierie et fabricants de matériaux, architectes et entreprises de second œuvre, fabricants d'équipements et scieurs de bois, nombreux sont les secteurs qui bénéficieraient de ce programme. À l'occasion de l'attribution de ces marchés, tous les coups seront permis pour imposer l'utilisation de matériaux « bas carbone » qui obligeront les fournisseurs du bâtiment à se creuser la cervelle à leur tour.

Enfin, il faut trouver l'argent. Pour l'essentiel, ce sera un problème bancaire : le propre des économies d'énergie est qu'il suffit d'attendre, et les économies futures finiront par rembourser le coût des travaux. Il faut éventuellement mettre un peu d'argent dans la bonification des taux d'intérêt, mais ce n'est pas une dépense majeure. Le coût essentiel du dispositif, pour la puissance publique, sera dans l'accompagnement : formation, contrôle, etc. Mais cela va générer beaucoup d'activité : il y a en France environ 28 millions de résidences principales, d'une surface unitaire de 90 m². Avec un coût de rénovation moyen de 300 euros au mètre carré, la rénovation de la moitié de ce qui est construit coûtera 400 milliards d'euros environ pour les logements. Ajoutons le parc tertiaire (bureaux, hôpitaux, écoles, commerces, etc.), pour environ 800 millions de mètres carrés dont les deux tiers environ sont concernés, et voici 150 milliards d'euros de plus. Si l'on se rappelle que le prix n'est qu'une succession de salaires et de rentes, donc de revenus humains, et que l'on prend comme équivalence qu'il faut dépenser environ 30 000 euros pour injecter *un* emploi dans l'économie (en Inde ou au Brésil, c'est un peu moins…), voici donc 500 milliards à dépenser sur vingt à quarante ans, soit 10 à 20 milliards par an, ce qui représente 400 000 à 800 000 emplois sur la période.

Du point de vue de l'occupant du logement, qui consomme environ 200 kWh par mètre carré et par an de chauffage, à 5 à 10 centimes le kWh, soit 10 à 20 euros par mètre carré et par an, une simple division par 2 est rentabilisée sur trente ans hors toute augmentation (inéluctable) du prix de l'énergie. Comme évoqué ci-dessus, le défi n'est pas tant l'équation économique pour les occupants, que l'on peut bien s'arranger pour rendre intéressante (c'est un problème bancaire et de réglementation), que l'équation pour l'Éducation nationale : il faut donner envie à nos chères têtes blondes de devenir maçons et charpentiers, plutôt qu'employés de bureau ou de grande surface !

La seule grosse injection d'argent public dans le système sera pour l'indemnisation des propriétaires des bâtiments qui vont dépérir, parce qu'ils sont situés en dehors des bassins d'emploi dans un monde sous contrainte carbone. Nous pouvons bien sûr ne rien payer et accepter de voir ces braves gens s'asseoir sur leur patrimoine, voire être expulsés par des banques aux abois et se retrouver sur la paille... au risque qu'ils se vengent avec leur droit de vote, en ne choisissant pas les candidats les plus raisonnables pour la stabilité future. Si nous ne voulons pas pénaliser ceux qui ont suivi une tendance dont nous sommes tous coresponsables, nous pourrions par exemple créer un fonds national qui servirait à indemniser les propriétaires qui doivent quitter une région où l'emploi décroît pour une autre où l'emploi va augmenter, et ne peuvent pas trouver preneur pour leur logement à plus de $x$ % de la valeur à laquelle ils l'ont acquis. Hérésie ? Voire : une partie des fonds européens a été distribuée exactement de cette manière dans le passé, avec des zones d'intervention de différents niveaux, ouvrant la voie à des aides différentes. Ce n'est évidemment qu'une suggestion, et il y en a sûrement beaucoup d'autres. Là aussi, comme nous ne nous sommes jamais posé la question, la probabilité pour que nous ayons la réponse déjà toute prête est somme toute assez faible. Et ce genre de rachat peut très bien être fait à l'occasion de successions ou de déménagements sans avoir besoin d'un régime soviétique pour déporter les récalcitrants.

Où trouver l'argent de ce fonds ? Auprès de l'État. Où trouver l'argent de l'État, qui est, comme chacun sait, fauché ? Pour ces projets, comme pour tout ce qui concerne la création ou la protection d'actifs matériels, la recette a déjà été proposée dans notre précédent livre, *C'est maintenant*. Il s'agit d'utiliser la création monétaire de la Banque centrale européenne pour financer l'État français qui vient financer les programmes, en sortant les sommes correspondantes des déficits courants. Hérésie, encore ? Nous avons bien utilisé ce procédé pour sauver des banques, c'est-à-dire créer de l'argent pour sauver... de l'argent. Rappelez-vous : la BCE a garanti en dernier recours des obligations émises par les États pour trouver l'argent nécessaire au sauvetage des banques après la faillite de Lehman Brothers. Ce n'est pas exactement de la planche à billets, mais cela y ressemble bigrement ! Alors, s'il faut utiliser le même mécanisme pour financer un programme qui créera des centaines de milliers d'emplois en France, et créera l'urbanisme de 2050, pourquoi hésiter une seule seconde ?

Penchons-nous maintenant sur ce qui se trouve à l'intérieur des murs : nous y trouverons quantité d'engins qui consomment de l'énergie, ici pour chauffer, là pour refroidir, ici pour laver le linge, là pour communiquer avec le monde extérieur. Les électrons correspondants (hors chauffage) représentent environ la moitié du courant consommé en France. Là encore, il va falloir optimiser. Le moyen le plus efficace passe à la fois par la réglementation (l'Europe sait très bien faire cela) et la hausse programmée des prix de l'électricité (le marché libre sans prix visibles à l'avance n'a pas que des avantages…). Cela amènerait les fournisseurs de composants et d'appareils électriques à faire deux choses : d'une part à concevoir des systèmes domotiques qui se remboursent sur les économies d'énergie qu'ils permettent, et d'autre part à baisser continuellement la consommation des appareils vendus, en faisant attention à ne pas augmenter considérablement au passage la quantité d'énergie utilisée pour leur fabrication (de ce point de vue, les écrans plats sont une bonne illustration d'une fausse bonne idée). L'Europe possède quelques acteurs de taille mondiale dans le domaine concerné. Leur mise sous pression pour contribuer à rendre les bâtiments plus économes en énergie est bien entendu le meilleur service à leur rendre si l'on réfléchit à l'horizon de deux décennies.

Bien sûr, tout changement des règles du jeu fait des perdants. Qui perd dans ce programme ? En premier lieu les énergéticiens, surtout « fossiles », au moins en volume. Mais leur situation financière, cependant, restera longtemps confortable. Ensuite et surtout, comme évoqué plus haut, les propriétaires des bâtiments qui ne seront pas rénovés. C'est probablement là que le financement va être le plus difficile à organiser, mais cela arrivera alors que la grande aventure de la décarbonisation sera en marche. Ses premières conséquences enthousiasmantes permettront, par effet d'entraînement, de gérer dans des conditions acceptables cette mutation profonde de l'urbanisme. Après tout, dans le passé, l'exode rural a bien fait déménager la moitié de la population en cinquante ans, en diminuant la valeur du patrimoine laissé derrière, et cela n'a pas mis le pays à feu et à sang !

Enfin, chacun d'entre nous y perdra un peu : il est probable que la quantité d'électronique domestique va baisser. Mais si notre crise a du sens, est-ce une catastrophe ?

*Le retour du train-train ?*

Quitter un bâtiment, c'est souvent... en rejoindre un autre. Pour le moment, nos déplacements sont majoritairement effectués en voiture. Comment, alors, faire diminuer très rapidement la consommation de pétrole et les émissions de $CO_2$ ? En remplaçant les voitures par des trains, bien sûr ! Actuellement, la route assure un peu moins de 85 % du trafic passagers en France, et un peu plus de 80 % du trafic marchandises. Pour faire le facteur 4, il suffit donc de passer trois quarts des individus et trois quarts des marchandises sur le rail. Comment faire, puisque l'essentiel des logements et des lieux de travail ne sont pas juste à côté de la gare et que la vitesse de renouvellement de l'urbanisme est si lente ? En construisant des nouvelles voies, pardi ! Si nous voulons avoir une gare devant chaque pavillon de banlieue et chaque supermarché, chaque école et chaque immeuble de bureaux, chaque usine et chaque hangar, chaque étable et chaque champ, et des rails pour relier tout cela, il faudrait au moins 100 000 km de chemin de fer (il y a

400 000 km de routes en France) et quelques dizaines de millions de mètres carrés de gares (un garage par ménage, c'est déjà 500 millions de mètres carrés dans le pays). Sans parler du coût d'expropriation de tout ce qui gêne, le ticket pour construire tout cela dépasse allègrement les 1 000 milliards d'euros. Pas sûr que nous ayons facilement cet argent… c'est-à-dire le temps de travail pour construire tout cela rapidement. Qu'en déduire ? Que trains, vélos et véhicules électriques seront parfaitement adaptés à un urbanisme constitué de nombreux noyaux denses, qui prendra néanmoins un demi-siècle à un siècle à se mettre en place.

Comment garder des voitures dans l'intervalle, alors, s'il le faut ? D'ici à 2050, la production pétrolière mondiale aura baissé d'un tiers à la moitié. Les Indiens, les Chinois, les Brésiliens, les Mexicains et les Gabonais veulent eux aussi rouler en voiture : le parc passerait à 2 milliards de véhicules. Seule une division par 3 à 4 de la consommation moyenne par véhicule permet de rendre l'équation possible. Nous devons donc devenir les champions de la production de nouvelles 2 CV à 1 litre aux 100, condition *sine qua non* pour pouvoir continuer à rouler en voiture. Or l'histoire nous a grandement aidés sur ce terrain : cinquante ans de développement automobile sans pétrole domestique nous ont conduits à devenir en Europe – avant que les Japonais ne s'en mêlent – les champions du monde des petits moteurs, en particulier diesel. Et c'est grâce aux fortes taxes appliquées sur les carburants depuis cinquante ans que les Européens – qui ont des taxes élevées de manière très homogène d'un pays à l'autre – ont développé cette compétence : vive la TIPP, grande pourvoyeuse de compétitivité !

Comment faire pour accélérer la cadence ? Cela passe pour commencer par la hausse programmée du prix de l'énergie, qui permet aux consommateurs et aux producteurs de comprendre que là est le sens du vent. Si la taxe carbone, qui a cet objectif, doit attendre l'après-2012 (d'ici là, il faudrait un miracle, hélas), rien n'interdit de faire presque pareil tout de suite. Il suffit d'augmenter dès à présent, de manière progressive, la taxe intérieure sur les produits pétroliers (TIPP) et la taxe intérieure de consommation sur le gaz naturel (TICGN). Il n'y a aucun risque constitutionnel (ce sont des impôts existants), l'essentiel de l'assiette de la taxe carbone est couvert et, comme il ne s'agit pas d'un nouveau prélèvement, l'opposition sera bien moins grande. Dire cela en plein choc pétrolier, ce n'est pas un peu gonflé ? À cause de ce qui a été dit plus haut, hélas non... Ensuite, il faut un bonus-malus annuel... et sans bonus. Une telle mesure dissuadera d'investir dans un véhicule consommant trop, et qui resterait dix à vingt ans dans le parc (car la durée de vie d'un véhicule augmente quand le pouvoir d'achat matériel baisse, et il va baisser). Cela pourrait être couplé avec une très forte prime à la casse accordée uniquement lorsqu'un véhicule est sorti du parc pour être remplacé par un tout petit modèle avec un seuil qui baisse tous les ans, ou avec des paliers annoncés à l'avance. Il faut également supprimer toute déduction fiscale pour les achats de véhicules d'entreprise (ces dernières achètent environ 40 % des véhicules neufs) au-dessus d'un certain niveau de consommation, ce niveau baissant rapidement tous les ans. En réaction, la recherche-développement industrielle travaillera sur des prototypes de véhicules de quelques centaines de kilos, roulant à 100 ou 110 km/h (il y a désormais peu d'endroits où rouler beaucoup plus vite !). Elle testera tout ce qui est possible question motorisation, en réalisant pour chaque véhicule un bilan complet du puits à la roue. La puissance publique peut aussi financer massivement la mise au point en amont de méthodes d'industrialisation pertinentes. L'histoire européenne (et américaine !) regorge de tels exemples où l'État a fait un peu de politique industrielle, dans le nucléaire, l'aéronautique ou... le photovoltaïque. Tout cela mettra la pression sur les constructeurs, à leur plus grand bénéfice, développera une filière européenne d'avenir, et donnera du travail en quantité – ou le préserva.

Le même raisonnement peut être tenu pour les camions : les moteurs des tracteurs routiers, qui sont montés à 400 chevaux, pourraient être ramenés à des puissances bien inférieures sans que cela n'empêche le fret routier d'exister. Et cela aurait une contrepartie sérieuse au plan de la consommation. Là encore, les constructeurs qui pourraient être les gagnants de l'affaire sont européens (les Américains ne savent pas faire des petits moteurs !). Raison de plus pour s'y mettre rapidement.

Pour autant, les trains, les bus et les bateaux ne sont pas appelés à disparaître. Et c'est aussi une bonne nouvelle pour nous : dans le train, les acteurs mondiaux d'excellence sont souvent européens, qu'il s'agisse des constructeurs ou des exploitants, qu'ils soient interurbains ou urbains. Qu'il s'agisse de la ville ou de la campagne, c'est aussi en France que l'on trouve la première ingénierie mondiale en matière de transport ferroviaire. Les entreprises françaises sont leaders mondiaux dans le transport urbain de voyageurs. Si elles ont pu en arriver là, c'est grâce à une trouvaille de notre administration : la délégation de service public. Ce contrat passé entre une collectivité et un exploitant privé permet à ce dernier de faire comme il l'entend après que la collectivité a défini le service à fournir et les règles à respecter. La possibilité d'une initiative privée, dans un cadre bien défini par la puissance publique, a conduit les entreprises françaises à développer des modèles de gestion efficaces, qui ont été ensuite de redoutables armes à l'exportation. Cela prouve à nouveau qu'une contrainte bien gérée est, sur le long terme, le meilleur des services à rendre à l'activité privée. Ce même modèle a aussi permis de faire émerger des géants des services aux collectivités dans d'autres domaines (déchets, eau, réseaux de chaleur), qui sont depuis bien longtemps partis à la conquête du monde : la France héberge par exemple la première ingénierie mondiale dans le traitement de l'eau. Il n'y a évidemment pas de raison de changer une recette qui marche : plus nous demanderons aux acteurs français et européens d'être performants sur leur base arrière, plus nous renforcerons leur capacité d'exportation des trouvailles qu'ils seront bien forcés de faire en réponse aux questions posées. Tout le défi pour la puissance publique est de leur imposer les bonnes contraintes, et non de croire que le meilleur service à leur rendre est de les laisser tranquilles au nom d'une démagogie de mauvais aloi, à la demande d'un MEDEF qui n'a toujours pas compris où était le sens du vent.

Même notre compagnie ferroviaire nationale reste un modèle : la SNCF, quoi qu'en pensent les Français, est une organisation extrêmement performante (que les incrédules aillent prendre un train aux États-Unis ou en Grande-Bretagne !). Que le régime de retraite des cheminots, hérité du siècle de la « bête humaine », ne soit plus justifié aujourd'hui, n'enlève rien au fait que, sur le plan technique, la compagnie nationale a remarquablement réussi ce que le gouvernement lui avait demandé. Sans prétendre à la substitution d'une voiture qui restera longtemps indispensable avec l'urbanisme que nous avons bâti, le train a largement sa place dans le futur de notre pays, et de l'Europe en général. Les deux chantiers prioritaires sont un renforcement des lignes ferroviaires qui concurrencent l'avion, et une remise en service des lignes intérieures qui auparavant maillaient le territoire (le réseau ferroviaire exploité a beaucoup décru depuis le XIX$^e$ siècle), à mesure que le dégonflement des banlieues des mégapoles fera revivre des petites villes et des villages denses et bien répartis sur le territoire.

Pour les marchandises, la priorité sera à l'intermodalité : il faut organiser à grande échelle le basculement sur le fer des flux interrégionaux de marchandises, en particulier des produits alimentaires (un tiers du trafic routier), qui s'y prêtent très bien. Cela coûte plus cher, parce qu'il faut bâtir des infrastructures et employer du monde ? L'argent n'étant qu'une affaire de conventions, il suffit de modifier le système de taxes et de péages d'infrastructures (les camions ne paient rien pour utiliser la route, alors qu'ils sont les responsables quasi exclusifs de l'endommagement des chaussées), jusqu'au moment où il sera plus intéressant d'utiliser des trains que des camions pour une partie du voyage. Les emplois se déplaceront progressivement du fret routier vers les services de manutention, le fret ferroviaire, la logistique, voire la reconstitution des stocks.

## Il faudra déborder d'énergie, quand même

Si l'argent public doit désormais se concentrer massivement sur la réduction de la demande, il faudra quand même continuer à s'occuper un peu de production. Si nous voulons de moins en moins de combustibles fossiles, deux sources doivent gagner en importance : « les » nucléaires (car il y a plusieurs manières d'exploiter cette énergie) et les renouvelables. Quoi, encore du nucléaire, après ce qui vient de se passer au Japon ? Au risque de ne pas vraiment être politiquement correct, ce qui vient de se passer dans l'Empire du Soleil levant est paradoxalement plutôt une bonne nouvelle pour le nucléaire. Alors que le tsunami a tué de l'ordre de 10 000 personnes en détruisant immeubles, voitures et bateaux, qu'il a supprimé un quart des raffineries et plus d'une dizaine de centrales électriques au charbon et au gaz, les conséquences pour la population de la destruction de quelques réacteurs nucléaires seront marginales dans l'ensemble. Des centrales à « autre chose » placées au même endroit auraient aussi été détruites, évidemment, et la dissémination de radioactivité à l'extérieur du site ne posera que des problèmes sanitaires marginaux. Évidemment, si le postulat de départ est que le nucléaire ne doit jamais tuer personne, au Japon ou ailleurs, alors cette énergie sera disqualifiée quel que soit le raisonnement, mais si le postulat est qu'il ne doit pas être plus dangereux qu'une autre installation industrielle majeure placée dans les mêmes conditions, alors le tsunami japonais constitue un « stress test » d'autant plus intéressant qu'il s'appliquait à une centrale bien en-dessous des standards actuels de sécurité en Occident.

Ce livre ne reviendra pas sur les conséquences de Tchernobyl, documentées par des milliers de publications médicales, elles-mêmes synthétisées par l'Organisation mondiale de la santé, une agence onusienne « cousine » du Groupe intergouvernemental sur l'évolution du climat, et qui élabore ses conclusions exactement dans les mêmes conditions. Dit autrement, si vous croyez que le rapport du GIEC dresse un constat fiable de l'influence de l'homme sur le climat, alors il n'y a aucune raison de penser que l'OMS ne fait pas de même en ce qui concerne l'influence des rayonnements ionisants sur la santé[1]. Donnons un chiffre : même mal évalué, le bilan de Tchernobyl se compte en milliers de victimes et centaines de morts, soit un ordre de grandeur en dessous de l'accident de l'usine chimique de Bhopal, en Inde, qui fit en 1984 plus de 3000 morts et dix fois plus de blessés.

De même que les accidents d'usines chimiques n'ont jamais disqualifié la chimie en tant que telle, les accidents de voiture ou de train (plus d'un million de morts par an dans le monde) n'ont jamais disqualifié le transport en tant que tel, les marées noires n'ont jamais disqualifié le pétrole en tant que tel, Fukushima ou Tchernobyl ne disqualifient pas le nucléaire en tant que tel. Ils disqualifient certains procédés techniques, certaines règles de sûreté, certains environnements économiques ou institutionnels, assurément, et du reste le retour d'expérience sera capital pour rendre les procédés encore plus sûrs et les vérifications plus pertinentes. Mais jeter le bébé avec l'eau du bain serait une grave erreur alors que l'ère de l'énergie facile

---

1. Voir *L'Avenir climatique*, Seuil, 2002, prix Roberval de vulgarisation scientifique, 2002.

s'achève : nous allons avoir besoin de toutes les marges de manoeuvre pour nous sortir de la tenaille fossile, laquelle est à même d'engendrer un chaos économique et social planétaire dont le bilan pourrait se compter en centaines de millions de morts, voire plus encore. Refuser un risque qui vaut 1 alors qu'il permet de contribuer à éviter celui qui vaut 1000, est-ce une bonne idée ?

Un autre développement va également devoir retenir notre attention : l'utilisation du charbon avec capture et séquestration du $CO_2$. Il y a (hélas !) encore assez de charbon dans le monde pour que cette technologie fasse la différence, et son développement en Europe représente notre meilleur espoir d'aider les détenteurs extra-européens de houille à l'utiliser sans trop perturber le climat[1]. Pour toutes les « énergies sans carbone » qui sont pertinentes, il faut mettre les bouchées doubles pour développer en Europe les techniques, les modes d'organisation de projet, et surtout les compétences qui serviront de base à l'exportation.

Historiquement, les Français occupent une place de choix dans les techniques nucléaires civiles, mais ils ont un peu trop longtemps dormi sur leurs lauriers pour rester des acteurs incontournables ; l'échec récent du contrat à 40 milliards en Arabie saoudite en est pour partie la conséquence. Le politique en a rajouté, avec une série de pas de deux depuis 1981 qui n'a pas aidé à développer une industrie offensive, pendant que d'autres pays hors d'Europe n'avaient pas ces pudeurs. Mais il n'est pas trop tard pour mettre les bouchées doubles. Il existe un Forum génération IV, qui regroupe l'essentiel des pays ayant une industrie nucléaire et qui a pour vocation de définir les meilleures filières pour la génération de réacteurs qui suivra l'EPR. Son cahier des charges impose l'utilisation de ressources abondantes

---

1. Il reste toujours les émanations de méthane des mines de charbon et une partie du $CO_2$ qui s'échappe dans l'air, mais l'alternative risque bien d'être une dispersion de la totalité des émissions dans l'atmosphère !

(uranium 238 ou thorium 232, ce qui recule l'horizon du pic de consommation d'un millier d'années), l'absence de déchets difficiles à gérer, la non-prolifération, et évidemment une sûreté sans failles (rappelons que Tchernobyl s'est produit sur un réacteur qui présentait de graves défauts de conception, comme l'absence d'enceinte de confinement avec la présence de graphite dans le cœur). Chacun des pays membres du Forum finance aujourd'hui un morceau du programme, et fournit une partie de l'effort industriel. Mais le dispositif actuel est calé sur un horizon de temps bien trop long, et ne tient pas compte de la course contre la montre dans laquelle nous sommes engagés. Sans accélération, cette génération IV arrivera bien trop tard dans le paysage pour contribuer utilement à desserrer la tenaille fossile.

En outre, la tendance naturelle de ce genre de collaboration internationale est plutôt un dérapage en temps et en budget ; ITER en est une illustration parfaite. Que faire alors ? La seule manière d'aller plus vite est de restreindre le processus à un nombre limité de pays acceptant de payer plus ; leur bénéfice sera d'avoir une longueur d'avance dans les technologies mises au point. La France pourrait prendre l'initiative en ce sens, en proposant d'amorcer, en Europe, au besoin au sein d'une coopération renforcée, la construction dès que possible d'un prototype par filière (il y en a douze, et du reste, peut-être que certaines possibilités ont été écartées un peu vite dans les premiers choix, ou au contraire que d'autres devraient être éliminées au regard des accidents de Tchernobyl et Fukushima), chacun totalement piloté par une structure unique, les autres contributeurs ayant accès aux résultats expérimentaux. La Grande-Bretagne, l'Italie, la Suède, la Finlande, peut-être la Suisse et un certain nombre de pays de l'Europe de l'Est seraient probablement ravis de contribuer, même si l'Allemagne et l'Espagne restent en retrait sur ce sujet. Et si personne n'est intéressé, nous pouvons même y aller seuls !

En effet, nous avons déjà prévu l'argent nécessaire pour financer cela, au prix d'un petit arbitrage qui fera hurler nombre de militants (et en fait est déjà enclenché), mais ne coûtera pas un sou de plus au contribuable français. Il suffit d'abandonner demain matin les tarifs de rachat de l'éolien et du photovoltaïque en France, ainsi que le budget de développement d'ITER, mis au service d'une filière qui porte sur des horizons bien trop lointains pour être utile dans le cadre exposé ci-dessus. En additionnant tout cela, nous pouvons disposer, selon la manière de compter, de 50 à 100 milliards d'euros sur les vingt ans qui viennent, sans regret ou presque. Il n'y a en effet pas d'industrie nationale à défendre, pas d'économie de $CO_2$ significative perdue, et la recherche-développement nationale sera orientée sur une marge majeure pour le moyen terme.

Ces dépenses « inutiles » sont paradoxalement la preuve que nous ne croyons pas que la contrainte carbone soit très grave, sinon nous n'aurions jamais songé à nous payer le luxe de mettre autant d'argent dans des projets ayant aussi peu d'effet sur nos émissions des prochaines années !

Avec le redéploiement de ces sommes, nous pourrions développer, chez nous, un prototype de génération IV par filière. Tout ne sera pas une réussite ? Il faut raisonner comme un financier de capital-risque, qui investit dans beaucoup d'entreprises, et sait qu'il va perdre cinq fois sur six, mais qu'il touchera parfois le jackpot. En matière de développement de programmes nucléaires, l'argent ne peut certes pas tout, car il y a des constantes de temps physiques à respecter pour observer l'évolution des systèmes. Mais un grand coup d'accélérateur budgétaire pourrait certainement permettre de diviser par deux les délais de développement et de construction de prototypes : dans notre course contre la montre, c'est capital.

Avec une autre partie du même argent, nous pouvons même remplacer quelques réacteurs nucléaires qui vont arriver en fin de vie, ou en ajouter d'autres. Quoi, construire encore du nucléaire, ça va pas la tête ? Bien sûr que si, ça va : l'Europe utilise aujourd'hui 33 % de charbon et 15 % de gaz dans sa production électrique. S'il faut remplacer le gaz et le charbon, sauf avec capture et séquestration, et développer la voiture électrique, les pompes à chaleur, les trains et les fours électriques dans l'industrie, il va bien falloir quelques centrales électriques de plus, même en faisant baisser la demande aussi vite que possible (ce qui veut dire monter les prix, ne nous y trompons pas ; votre serviteur y est tout à fait favorable, mais il ne faut pas se cacher derrière son petit doigt). En Europe, l'hydroélectricité est à son maximum ou presque, la biomasse doit être réservée pour la chaleur ou à la rigueur pour les carburants de deuxième génération (quand ce n'est pas pour du bois d'œuvre ou pour manger), et le soleil et le vent resteront très longtemps des contributeurs marginaux à cause de leur intermittence... Que reste-t-il quand on regarde les ordres de grandeur ? Puisque les promoteurs de l'éolien et de la « libre concurrence » – réunis pour l'occasion ! – ont poussé au renforcement des réseaux électriques, nous pourrions en profiter. Si la France ajoute 10 GW de capacité nucléaire, ce qui est parfaitement possible dans des conditions de sécurité supérieures à ce que proposent le gaz ou le charbon, soit elle en a l'usage pour ses voitures ou ses pompes à chaleur, et c'est parfait pour substituer du fioul ou du gaz, soit cela ne lui sert à rien parce que nos économies sont suffisantes, et nous l'exporterons chez nos voisins quand le $CO_2$ européen ou le gaz russe commenceront à leur coûter trop cher. Là aussi, les premiers partis ont de bonnes chances d'être les premiers gagnants !

Cet objectif de nécessaire recours à un nucléaire accepté – parce que ses avantages et ses inconvénients auront été bien compris et bien mis en balance – à l'échelle de notre continent rend incontournable une première modification de la politique européenne : cesser de faire de la concurrence partout et tout le temps un dieu sacré. Il faut rétablir l'idée que l'État doit garder la haute main sur le pilotage centralisé des investissements (et donc des tarifs), ce qui est indispensable pour mettre en œuvre un plan d'investissements massifs. La solution la plus évidente est de nationaliser complètement les producteurs ; un passage par de la délégation de service public est éventuellement envisageable, mais dans tous les cas de figure c'est l'État qui doit conserver le pilotage des investissements... et du prix, comme pour nombre d'autres énergies. Le traité de Lisbonne ouvre peut-être une voie pour ce faire. En effet, dans l'énumération des objectifs désormais assignés à l'Europe, le développement durable apparaît avant le marché intérieur. Or, la « libéralisation » de l'électricité conduit logiquement les opérateurs à aller au moins cher pour les coûts en capital, ce qui limite leur endettement et favorise les centrales rapides à construire (donc qui contribuent rapidement au chiffre d'affaires). Le fonctionnement très particulier des marchés de l'électricité fait que le prix du kilowattheure en coût complet n'est pas le sujet premier. Cette logique favorise le gaz, mais gêne le nucléaire, ce qui n'est pas tenable au vu des contraintes exposées dans les chapitres précédents. Pour savoir si ce traité de Lisbonne ouvre vraiment la voie à une remise des objectifs dans le bon ordre, voici une suggestion : que la France conteste, devant les juges européens, l'obligation d'ouvrir son marché de l'électricité, en arguant que cette concurrence conduira soit à utiliser plus rapidement des ressources déclinantes en Europe et à perturber le climat (gaz et charbon), soit à mégoter sur les coûts de sécurité (nucléaire), et que rien de tout cela n'est compatible avec le développement durable. Ensuite, de deux choses l'une : ou bien les juges européens nous donnent raison, et alors il est inutile de poursuivre ce processus (et ce sera en particulier la fin d'une partie de la loi NOME, qui représente un petit démantèlement de fait d'EDF), ou bien ils nous donnent tort, et cela signifie qu'il faut réformer à nouveau le traité de Lisbonne, qui n'est pas assez explicite dans l'ordre des objectifs. Dans cette réforme des textes constitutionnels européens, un point sera essentiel : accepter l'idée que l'énergie fait partie des compétences régaliennes des États (ou de l'Europe), et donc qu'il est possible de conserver ou de recréer des monopoles publics dans ce domaine. Plus généralement, la concurrence est souhaitable chez les producteurs de chaussettes, mais pas nécessairement dans le domaine des infrastructures, du moins si nous entendons durer !

Quoi que nous fassions en Europe, reste que des pays hors d'Europe ont du charbon et, même si la quantité fait débat, ils en ont bien trop pour que le climat puisse résister sans broncher à l'injection du carbone correspondant dans l'atmosphère. C'est là que vient un autre dispositif technique dont le développement massif est indispensable : la capture et la séquestration du $CO_2$. Là encore, inutile de se demander pendant des siècles si les pays détenteurs de charbon vont accepter de se servir de ce procédé. Il faut se doter du cadre économique et réglementaire qui amènera son déploiement rapide en Europe, puis essayer de le vendre aux autres dans les meilleures conditions possibles. Son principal inconvénient est d'abaisser (aujourd'hui) de 25 % le rendement d'une centrale électrique, ce qui veut dire qu'à production électrique donnée, il faut 33 % de charbon en plus. Il sera d'autant plus facile de convaincre les pays qui ont du charbon de passer à la séquestration du carbone que ceux qui n'en ont pas seront passés au nucléaire de génération IV et n'auront pas besoin de recourir aux importations de charbon…

Il faut donc commencer à travailler chez nous, en équipant de ce dispositif tout ce qui nous tombe sous la main comme sources concentrées : les centrales à charbon françaises et européennes, les aciéries, les cimenteries, etc. Cela ne plaira guère aux acteurs industriels concernés, mais ils ne représentent pas toute la collectivité. Cela fera monter les prix de l'électricité ? Ils monteront de toute façon si nous n'agissons pas, et cette fois au profit des Russes et des actionnaires des sociétés électriques. Ce qui est sûr, c'est qu'un tel projet entraînera aussi des industriels, parmi lesquels des poids lourds européens (dans la conception des centrales, les gaz industriels ou les procédés d'injection) et, à leur suite, une kyrielle de PME qui ne seront pas contre.

En France, dans le cadre du « grand emprunt » – qui pour le moment est du saupoudrage sans charpente d'ensemble –, il serait souhaitable de rassembler 2 ou 3 milliards d'euros pour mettre en œuvre un prototype de capture et séquestration à large échelle, par exemple sur toutes les industries fortement émettrices de $CO_2$ de la basse vallée de la Seine. Ce genre de projet fonctionnera-t-il moins bien que l'idée que l'on s'en fait ? Bien sûr : un prototype, par définition, sert à essuyer les plâtres. Mais l'argent investi dans ce genre de projet serait autrement plus utile pour l'avenir que celui qui va être mis dans l'autoroute Pau-Langon ou l'aéroport de Notre-Dame-des-Landes, sans compter les milliards d'euros qui ont été investis dans des ronds-points… probablement pas indispensables pour la préservation de la paix dans le monde ! Avec le quart de l'argent dévolu au photovoltaïque en France, nous aurions pu financer dix à vingt projets de capture et séquestration dans des pays charbonniers, gratuitement pour eux, en évitant considérablement plus de $CO_2$ émis (dont l'impact nous touchera aussi) et en favorisant l'essor d'une filière industrielle lourde au potentiel certain pour l'avenir.

Mais ce qui précède n'empêche pas qu'il y a aussi de beaux projets à mener dans le secteur des renouvelables, et là encore à grande échelle. Sans mauvais jeu de mots, il faut faire feu de tout bois. Et, en parlant de bois, la fourniture de chaleur en France pourrait y faire largement plus appel. La politique française en la matière est pour le moment faiblarde, parce que nous n'avons pas de vue d'ensemble au service d'un objectif clair. L'augmentation de la contribution de la forêt donnerait de l'activité à nombre de PME, et serait tout à fait compatible avec la contrainte d'organisation du territoire évoquée plus haut. Jusqu'à preuve du contraire, l'exploitation du bois est une activité non urbaine, injectant de l'argent dans le tissu rural et permettant de repeupler ce dernier, en phase avec ce qui devra être fait dans un monde sous contrainte énergétique globale. Le bois coûte trop cher ? Il suffit... de monter les prix des énergies fossiles !

À l'évidence, la taxe carbone est une aubaine pour la forêt. Et tout argent consacré à alimenter les acteurs de la filière bois au sens large est du recyclage à 100 % national ou presque : cela favorisera des emplois nationaux de bûcherons, scieurs, constructeurs de poêles et chaudières, fabricants de meubles et plaquettes, éleveurs de chevaux de débardage en zone difficile, pépiniéristes et agronomes, et autres emplois dont nous n'avons pas encore idée aujourd'hui. Et, même si cela est moins vrai que pour les filières industrielles lourdes, accélérer le tempo chez nous servira notre économie, soit pour importer moins de meubles (deuxième poste de déficit de la balance commerciale) ou d'hydrocarbures, soit pour exporter plus d'objets (poêles ou chaudières) ou de procédés de gestion qui seront mis au point dans ce cadre.

En particulier, une compétence forestière solide peut aussi servir des projets de reforestation ou de prévention de la déforestation, qui sont particulièrement peu onéreux pour éviter des émissions de $CO_2$ dans les pays à la couverture forestière importante. Mais, en pareil cas, il ne suffit pas de donner de l'argent pour que les choses se mettent en place : là comme ailleurs, il faut les compétences et l'aptitude à définir des objectifs et, pour cela, de l'expérience.

Enfin, parmi les autres sujets porteurs pour les Européens, il y a l'hydroélectricité (l'ingénierie française est bien positionnée) et le solaire à concentration, ou « solaire thermodynamique ». Ce dernier procédé consiste à concentrer du rayonnement solaire pour chauffer un gros réservoir de saumure qui sert de source chaude pour alimenter une turbine à vapeur. Il permet de s'affranchir en partie de l'intermittence de l'ensoleillement (en tout cas bien plus que le photovoltaïque, à cause de l'inertie thermique du réservoir), ne nécessite pas tant des percées technologiques que de l'apprentissage, mais demande de la place et du soleil… ce qui existe chez nos voisins du Maghreb. Nous avons besoin d'électricité, eux aussi, ils ont besoin d'emplois, nous aussi, et nous avons besoin de projets en commun pour renforcer la stabilité politique de la région, et ce n'est pas l'actualité du début 2011 qui démentira que c'est un objectif souhaitable ! Il se trouve que tout cela pourrait être fourni par un déploiement massif du solaire thermodynamique dans le sud du Maghreb.

L'électricité du solaire thermodynamique (dont il existe des prototypes) est déjà compétitive avec le charbon avec une taxe carbone à 80 euros la tonne, et serait compétitive avec le charbon avec une taxe carbone à 10 euros la tonne dès 2020 (à une époque où les électriciens européens paieront normalement plus que cela pour la totalité de leurs émissions). Ce procédé pourrait fournir plusieurs milliers de térawattheures en 2050 rien qu'au Maghreb (le nucléaire aujourd'hui, c'est environ 3 000 TWh dans le monde), et l'Afrique du Nord dispose de larges zones très ensoleillées où l'installation de ce genre de dispositif ne gênerait personne. Il faudra tirer des lignes ? L'électricité peut se transporter sur des milliers de kilomètres sans déperditions massives (de l'ordre de 10 % ; c'est mieux que le gaz), et leur construction fournit beaucoup d'emplois sans trop consommer de matière. L'électricité sera produite ailleurs que chez nous ? Aujourd'hui, l'électricité européenne est dépendante à plus de 70 % de ressources importées : une large partie du gaz, déjà une partie du charbon (l'Allemagne importe 50 % du sien, par exemple), 100 % du minerai d'uranium… Et ce procédé permet aussi de dessaler de l'eau de mer (sinon, c'est fait avec du gaz, tant qu'il y en a), donc de maintenir ou développer une agriculture maraîchère (et on construira des trains vers l'Europe pour transporter la production !).

En revanche, ce projet, pas plus que la génération IV ou la capture et séquestration, ne pourra se développer sans l'aide de l'État. Le temps de retour sur investissement excédera à l'évidence les trois à cinq ans qui servent d'horizon aux acteurs privés. Il va donc falloir que la puissance publique, qui est la seule à pouvoir envisager des temps de retour sur investissement de vingt ans en incluant les externalités, agisse vite et fort. La bonne puissance publique, ici, c'est l'Europe, mais, compte tenu de leurs liens historiques avec les pays du Maghreb, les Français devraient se démener pour faire partie des meneurs de projet ! À nouveau, pour emporter la conviction, il faut une vision claire, étayée, et c'est probablement ce qui fait le plus défaut à nos édiles actuellement. Mais, quand les Français ont les idées claires, ils sont très à l'aise dans les grands projets planifiés. La modernisation du téléphone, le réseau TGV, Airbus et Ariane, le parc nucléaire, entre autres, sont là pour en attester.

*Goûtez-moi ce bon carbone*

L'énergie ayant structuré le monde moderne, la décarbonisation de l'économie ne se limite évidemment pas aux bâtiments, aux voitures et aux centrales électriques. Il faut aussi tracer des lignes pour l'agriculture, l'enseignement, la réforme des banques (qui doivent être justement rémunérées pour leurs services, mais pas être des prédateurs ou des facteurs massifs d'instabilité), celle du système fiscal, la diplomatie, la politique de défense, la réglementation de la publicité, le tourisme, la formation des journalistes et des juges, et mille autres choses encore. Une politique de grands projets structurants, recueillant une forte adhésion, est indispensable pour aider à démarrer ce processus de transition. Elle est possible dès aujourd'hui, parce que nous avons beaucoup de gagnants potentiels chez nous, en

Europe ou en France. Quand on s'attaque à tout, on fait des projets partout !

En matière d'agriculture, quelques ingrédients de la recette sont déjà connus. Le premier est la limitation des intrants de synthèse, dépendants des combustibles fossiles, notamment les engrais azotés. Le second est la promotion des transformations locales (à la ferme ou pas loin) des produits cultivés, pour en faire des produits de consommation finale, vendus le plus souvent possible en direct, pour limiter l'étendue spatiale des systèmes et la dépendance à une industrie agroalimentaire massifiée qui elle-même dépend d'une énergie à bas prix. L'ensemble donne un retour de la polyculture-élevage comme modalité agricole de base (fertilisation par les déjections animales, auxquelles nous pourrions ajouter les déjections humaines des stations d'épuration, au lieu de les brûler avec du gaz !), de la restauration de haies (qui hébergent des prédateurs des ravageurs), de la lutte biologique (comme la dissémination de larves de coccinelle ou au contraire d'insectes stérilisés pour certains ravageurs), de l'agro-foresterie, etc.

La transformation sur place permet à l'agriculteur de capter une fraction maximale de la valeur ajoutée, qui sinon ira dans du transport, des industries et de la distribution. L'exploitant peut alors augmenter ses coûts de production *stricto sensu* – donc limiter les intrants et embaucher – parce que la marge de la distribution et de la transformation va en partie dans sa poche. C'est déjà le modèle adopté par nombre de maraîchers, d'éleveurs de poulets ou de producteurs de fromages qui vendent en direct au marché des produits par ailleurs de bien meilleure qualité que ce que l'on trouve en grande surface… à des prix équivalents ou presque. Ce modèle permet de faire monter la valeur des terres agricoles de périphérie urbaine et donc de limiter la périurbanisation, et de desservir directement les consommateurs dans le cadre de contrats à prix garantis (sur le modèle des AMAP). Une large partie de la restauration collective pourrait aussi s'intégrer verticalement avec ce genre d'accord. Dernier bénéfice, mais non des moindres : créer des emplois accessibles à des périurbains dont beaucoup vont avoir à se reconvertir.

Comment en faire un grand projet ? La première des armes possibles est de déplacer les subventions agricoles – qui consomment presque la moitié du budget européen – des producteurs vers une restauration collective respectant un cahier des charges donné, et vers des mesures agro-environnementales à l'efficacité documentée mais qui ne sont pas compétitives tant que l'énergie est trop peu chère (reconversion vers la polyculture-élevage, rotations avec des protéagineux, agro-foresterie, restauration de haies, limitation vérifiée des intrants, etc.). La seconde arme pourrait être un fonds d'intervention sur le foncier, car l'accès à ce dernier reste souvent *le* facteur limitant pour déployer rapidement des modèles nouveaux. Avec cette transition côté production, nous pourrons plus facilement inciter les consommateurs à faire en parallèle un effort indispensable pour que l'agriculture « dure » : diminuer la quantité de viande rouge et de laitages que nous consommons. En effet, il sera très difficile d'avoir une agriculture qui ne soit pas minière (sans pétrole ni engrais miniers, comme potasse et phosphates) avec la quantité de viande rouge (et de produits laitiers) actuellement consommée. Rappelons que les produits issus de la filière bovine représentent la moitié du bilan carbone « alimentation » d'un Français, très loin devant les haricots aéroportés et les fraises en hiver. Moins de vaches et de bœufs, et donc un lait et une viande payés plus cher, voici l'avenir de l'élevage ! En pratique, cela peut passer par une politique renforcée d'appellations d'origine, ce qui permet de monter le prix des productions et de préserver les régions où l'élevage est la seule manière d'exploiter la photosynthèse parce qu'il ne pousse que de l'herbe (alpages, prairies naturelles). Et comme, à l'arrivée, la hausse des prix de production va soit se répercuter sur les marges des distributeurs, soit augmenter le prix payé par le consommateur (surtout pour celui qui est loin des zones de production), ce dernier va devoir modifier doucement ses habitudes alimentaires.

Nous mangerons moins de fromages en volume, mais de meilleure qualité. Nous mangerons moins de bœuf et plus de volailles (très faciles à élever partout dans de bonnes conditions, et notamment au bout de chaque champ de blé ou de maïs) et d'œufs, et nous nous régalerons quand même, en divisant les émissions par quatre au passage. Avec des produits alimentaires payés plus cher en sortie d'exploitations polyvalentes, nous retrouverons une campagne vivante et des produits de qualité. Les perdants de l'affaire seront clairement les acheteurs concentrés de produits massifiés à bas prix (dont la grande distribution), les vendeurs d'intrants et les coopératives qui ne sauront pas modifier leur modèle économique. Il faut savoir que ces dernières font parfois plus de marges sur les ventes d'intrants aux agriculteurs que sur la vente des produits finis de ces derniers ! Outre le bénéfice direct pour rendre le tissu agricole résistant à la contrainte carbone, l'expérience tirée de cette reconversion à domicile pourrait servir, aussi, à aider d'autres pays – à commencer par les nouveaux entrants européens, qui s'apprêtent aujourd'hui à essayer de nous imiter – à ne pas répéter nos erreurs en les convainquant par l'expérience. Cela ne pourrait pas nuire à notre coopération avec nombre de pays avec lesquels nous avons toujours des accords ou de l'influence.

À la différence de ce qui a été évoqué plus haut, où, faute de voir l'Europe démarrer en pack organisé, la France peut presque se lancer toute seule, pour l'agriculture, c'est clairement au niveau communautaire que cela se passera : la France ne peut s'asseoir unilatéralement sur la politique agricole commune. Mais une France volontaire et tenant publiquement un discours clair sur les mesures à enclencher pour aller de l'avant serait écoutée. La seule question serait alors celle des contreparties pour les autres pays. En effet, pendant un temps la France a reçu plus de la politique agricole commune qu'elle ne donnait au titre du budget communautaire, ce qui ne l'encourageait pas vraiment à vouloir tout changer. La seule certitude est que, pour le moment, il n'y a pas de volonté très offensive dans ce secteur, faute de vision cohérente d'ensemble.

Ne restons pas dans l'agriculture : un peu de carbone dans la défense ? Cela suppose par exemple de ne pas construire des porte-avions à propulsion diesel, de calfeutrer correctement les casernes et de se demander comment on fera voler les avions de chasse demain, avec un kérosène de plus en plus difficile à trouver. Un peu de carbone dans la diplomatie ? La compétition pour les ressources et la recherche d'alliances pour leur partage seront des moteurs évidents pour l'action. Allions nos ingénieurs et organisateurs avec ceux qui ont le soleil, la forêt, les mines d'uranium, les bassins où séquestrer le $CO_2$ ; concevons des programmes pour entraîner ceux qui hésitent encore et cherchons des accords de coopération qui nous feront gagner sans déclencher la guerre : voilà un programme lisible !

Du carbone dans la recherche ? Avec les projets évoqués ci-dessus, on ne devrait pas manquer de sujets, et au moins il y aurait un critère lisible de départage de bon nombre de projets quand il n'y a pas assez d'argent pour tous. Du carbone dans la santé ? Là aussi ce critère sera considérablement structurant, puisqu'il faudra soigner avec moins de flux matériels à disposition. Cela soulèvera des débats difficiles sur notre rapport à la mort, et sur le fait qu'aujourd'hui nous jugeons que toute consommation de ressources non renouvelables est justifiée pour maintenir en vie des personnes en bout de course avec des dispositifs lourds. Cela soulèvera des débats sur l'arbitrage entre des plateaux plus petits et bien répartis, ou très lourds et très centralisés. Le mauvais choix conduirait à un système de soins inopérant quand l'énergie deviendra moins disponible ; il s'agit donc d'y réfléchir sérieusement.

Un peu de carbone dans la police ? Il s'avère que les taux de criminalité les plus bas s'observent en zone rurale et dans les petites villes. Si le nombre de policiers nécessaires est calé sur le taux de criminalité, plus la population vit en grande ville et plus il faut de policiers. Or les grandes villes sont entre autres, nous l'avons vu, un effet de l'abondance énergétique. Du carbone dans la justice ? Il faudra former les magistrats pour qu'ils sachent apprécier la gravité des actes qui iront à l'encontre des règles nouvellement établies, car, même dans un monde en voie de décarbonisation, il restera probablement quelques voleurs, crapules, escrocs et bandits de grand chemin. Du carbone, toujours, à l'économie et au budget ? Là, le lien est évident ! À la fois sur l'encadrement des filières économiques, qu'il faut développer, et sur la fiscalité qui permettra d'accompagner le tout… Du reste, le lien entre le carbone et les recettes fiscales est un sujet central pour l'avenir de tout État, et il mérite que l'on s'y attarde, même si ce n'est pas un projet opérationnel à proprement parler.

*Je te taxe ou je te rationne ?*

Aucune vision d'envergure pour l'avenir ne pourra faire l'économie d'une refonte profonde du système de prélèvements obligatoires. Si nous utilisons trop d'énergie et pas assez de travail, il semble souhaitable de taxer moins le travail et plus l'énergie. Encore une fois, tous ceux qui ont regardé la question énergie et climat d'un peu près aboutissent à la même conclusion : il faut donner un prix croissant à l'utilisation des énergies fossiles. En théorie, cela peut se faire de trois manières : taxer, contraindre par les quantités (quotas), ou réglementer (voire interdire).

Même si l'édifice reste imparfait, l'Europe peut se targuer d'avoir mis sur pied le plus grand système au monde de gestion des émissions de gaz à effet de serre, avec l'inclusion dans un mécanisme unique de 2 milliards de tonnes de $CO_2$ émises par an, soit 50 % des émissions européennes ou 5 % du total mondial. Le mécanisme en question repose sur des quotas négociables, c'est-à-dire... des tickets de rationnement échangeables entre rationnés. Nos amis industriels, quand ils ont eu à s'exprimer sur la manière de limiter leurs émissions, ont étonnament milité pour le système le plus stalinien qui soit : la fourniture par l'État, usine par usine (les usines pouvant être des centrales électriques au charbon ou au gaz), d'une autorisation d'émettre, qui va en diminuant à chaque période de trois ans et qui est transférable à d'autres usines soumises à la même contrainte. Ce mode de limitation des émissions est beaucoup moins libéral qu'une taxe, puisque l'État (puis l'Union) décide des émissions de tous les sites assujettis (plus de 10 000 en Europe), les vérifie, et met donc son nez partout ! Est-ce l'amour du jeu qui a poussé les industriels à préférer cette manière de procéder ? En effet, d'un point de vue rationnel, la loterie est un prélèvement fiscal consenti dans la joie et la bonne humeur, puisque la population paie toujours plus qu'elle ne reçoit. Mais l'asymétrie entre le risque maximal (perdre sa mise) et le gain maximal (tout empocher) incite tout joueur à défier les statistiques, pour le plus grand bénéfice de l'État. Dans le cas présent, chaque industriel a dû se dire qu'il arriverait à négocier un plafond élevé pour lui-même mais contraignant pour les autres, et donc qu'il ferait partie des gagnants de la « loterie carbonique ». Au contraire, la taxe, qui est un coût certain tout de suite et pour tout le monde, ne permet pas de « jouer », et c'est peut-être un de ses plus grands handicaps dans notre monde de traders !

Les quotas ont donc gagné leur droit d'existence en Europe, et, même si certains économistes – et votre serviteur – leur auraient préféré une taxe, la situation actuelle offre la base d'une évolution qui peut presque nous y amener.

Rappelons qu'un système de quotas consiste à donner à chaque site concerné une autorisation d'émettre un certain nombre de tonnes équivalent $CO_2$ pendant une durée donnée. Si le site obtient plus de quotas qu'il n'émet, il peut vendre le surplus à un site qui émet plus qu'il n'a reçu. La quantité totale de quotas attribués diminue progressivement au cours du temps, et les sites doivent donc s'organiser pour diminuer leurs émissions, ce qu'ils font jusqu'à concurrence de leur pronostic sur le coût futur, à la Bourse du $CO_2$, des quotas qu'ils auront besoin d'acheter si leurs efforts internes ne sont pas suffisants.

Le système de quotas a donc un avantage théorique par rapport à la taxe : le niveau maximal des émissions globales est supposé connu à l'avance, puisqu'il correspond aux autorisations accordées en début de partie. Mais la réduction est faite par des acteurs individuels, à qui cela coûte de l'argent. Pour qu'ils agissent, il leur faut donc avoir une idée de ce que sera le prix de l'inaction. Or, personne n'est capable de dire à l'avance ce que coûtera l'achat d'un quota sur le marché dans dix ans. Ce qui est connu à l'avance, c'est l'amende qui sera payée par un industriel incapable de respecter la limite fixée, que ce soit par des efforts internes ou des achats sur le marché. Cette amende valait 40 euros par tonne de $CO_2$ en trop pour la période 2005-2007, et 100 euros pour la période 2008-2012. Cent euros, pour un électricien au charbon, c'est 10 centimes de plus pour produire un kilowattheure, ce qui ne le dissuadera pas de fournir des kilowattheures au marché en période de pointe, où les prix peuvent monter à 20 centimes le kilowattheure (voire plus), mais cela le dissuadera de le faire toute l'année si l'allocation de quotas est devenue très basse.

L'industriel est donc dans une situation dans laquelle il sait ce que lui coûte l'investissement pour respecter son obligation, mais il ne sait pas exactement ce qu'il devra débourser s'il n'investit pas. Cela peut aller de zéro (la conjoncture est mauvaise ou l'obligation laxiste) à l'amende pour ce qu'il est incapable de se procurer sur le marché. Du coup, personne n'a de garantie absolue sur le niveau des investissements effectués par les usines pour faire baisser les émissions, et au final… le plafond alloué peut très bien ne pas être respecté, battant en brèche le principal argument des défenseurs des quotas : la quantité d'émissions est prévisible. Si nous regardons non pas les industriels mais les États, le protocole de Kyoto a lui aussi fonctionné avec un système de quotas (les émissions des États étaient globalement plafonnées). Or le respect des plafonds a été totalement aléatoire ! Il est vrai qu'aucune sanction économique ne frappait les États faisant défaut à leurs engagements, alors que la directive sur les quotas en a prévu une.

La taxe établit une situation exactement symétrique : ce qu'elle fixe à l'avance, ce n'est pas le niveau des émissions, mais leur coût. Si un industriel sait que la tonne de $CO_2$ va lui coûter 15 euros pièce à l'avenir, il va regarder dès maintenant tout ce qui lui permettra d'éviter du $CO_2$ à moins de 15 euros par tonne. Si en plus la taxe est croissante au cours du temps, avec un prix annoncé dès le départ, il sera incité à faire le plus tôt possible les investissements permettant d'éviter de la payer plus tard.

Mais l'Europe, qui pouvait décider d'un système de quotas à la majorité mais avait besoin de l'unanimité pour décider d'une taxe, n'avait guère le choix. Le système de quotas s'imposait de fait. Il a connu ou connaîtra trois périodes : de 2005 à 2008, c'était le rodage. Les attributions ont été laxistes (pour faire admettre le système), un marché a été mis en place, et, sans réelle contrainte, le prix du quota a terminé à quasiment zéro (ce qui signifie que tous les sites concernés ont reçu plus que nécessaire). La deuxième période, qui va jusqu'en 2012, est déjà plus contraignante. Malgré la crise, le prix du quota continue à être positif (aux alentours de 15 euros la tonne fin 2010), et des investissements ont été effectués pour baisser les émissions. Mais c'est surtout la troisième période qui va être intéressante, car le dispositif se durcit encore : d'abord, la quantité totale de quotas disponibles va progressivement baisser jusqu'à − 20 % en 2020, et, si l'Europe passe à un objectif de 30 % de baisse globale de ses émissions sur les quotas, c'est presque 35 % de baisse qui sera appliqué. Ensuite, les quotas ne seront plus distribués gratuitement par les gouvernements, comme sur la première période, mais progressivement vendus aux enchères par la Commission européenne. Tout cela va donc faire croître la contrainte de manière significative, et surtout ramener un peu d'argent au budget communautaire, argent que la Commission pourra mettre dans la décarbonisation de l'économie : 1,5 à 2 milliards de tonnes, mises aux enchères à 10 ou 20 euros la tonne, cela fait 20 à 40 milliards par an ; ce n'est pas négligeable face aux 120 milliards du budget européen.

Le système actuel souffre pourtant d'une faiblesse : 2020, c'est beaucoup trop court pour des acteurs qui gèrent des installations industrielles dont la durée de vie est de quarante ou cinquante ans. Il faut donc améliorer le dispositif, en prolongeant dès à présent les règles jusqu'en 2050, pour qu'aucun gestionnaire d'aciérie ou de centrale à charbon n'ignore ce qui va se passer jusqu'à la fin de vie de son investissement. Concrètement, ce n'est pas très compliqué : il faut prolonger jusqu'en 2050 la décroissance des quantités attribuées, et préciser dès à présent quel sera le prix d'enchère minimal pour chaque période de cinq ans d'ici à 2050. Il existe de multiples travaux sur la manière dont doit évoluer la valeur du $CO_2$ au cours du temps ; ils convergent tous sur des ordres de grandeur identiques (200 à 300 euros la tonne). Dans un premier temps, le prix minimal d'enchère peut être fixé au niveau de la valeur tutélaire du carbone avec une petite décote (10 % par exemple), et si au bout de dix ans la trajectoire n'est pas optimale, on ajustera. Dans le même temps, il faut aussi fixer à l'avance la pénalité, qu'il faut rendre libératoire, qui s'appliquera à ceux qui ne respectent pas leur limite (en ajoutant les quotas qu'ils reçoivent et ceux qu'ils achètent sur le marché, bien sûr), et faire en sorte que cette pénalité, actuellement de 100 euros par tonne, monte aussi progressivement au cours du temps, jusqu'à 350 euros la tonne en 2050 s'il faut donner un chiffre, c'est-à-dire un peu plus que le prix d'enchère.

De fait, dans ce système, chaque quota sera payé dans une fourchette entre le prix d'enchère et le prix de la pénalité. La convergence entre les deux transforme le système en… quasi-taxe. La spéculation devient difficile, et la visibilité pour les acteurs maximale, mais dans le même temps il y a une planification des émissions globales qui devient un sous-produit intéressant et qui n'existe pas avec la taxe. Cela n'empêche bien évidemment pas qu'une taxe carbone reste tout à fait nécessaire pour le diffus (petites entreprises, particuliers), où un système de quotas tournerait vite à… l'usine à gaz. Cette taxe doit-elle être mise en place par l'Europe ou par les États ? Idéalement par l'Europe, mais, comme les décisions fiscales en Europe requièrent l'unanimité, il est vivement conseillé à la France d'instaurer la sienne sans plus attendre. Il est évident que cette taxe sera mieux acceptée si elle s'intègre dans le programme politique le plus ambitieux que nous ayons connu depuis longtemps !

## *De l'ambition, que diable !*

Il faut donc libérer la planète de l'étau des combustibles fossiles. Cela ne se fera pas à temps si nous ne comptons que sur les enceintes collégiales, de type ONU ou Convention sur le climat. Et l'Europe serait la première perdante si cette libération n'arrivait pas de manière volontaire : nous n'avons pas de ressources fossiles, pas l'espace pour nous développer sur les renouvelables et pas de minerai d'uranium, et nous subirons comme tout le monde les effets du réchauffement climatique lié au charbon des autres. Heureusement, nous avons quelques atouts. L'Europe à 27 reste la première économie mondiale ;

c'est la seule construction politique au monde où l'initiative appartient à une technostructure contrôlée *a posteriori* par un Parlement dans un processus de codécision ; notre histoire nous a habitués à innover pour cause de contraintes physiques, ce qui a fait que nous avons par exemple mis en place le premier système de gestion des gaz à effet de serre à grande échelle, même s'il reste imparfait. Alors que l'urgence n'a jamais été aussi grande, la conjoncture permettant à la France d'entraîner l'Europe puis une large partie du monde n'a jamais été aussi favorable.

Cette influence de la France hors de ses frontières n'est pas qu'une vue de l'esprit. Trois institutions multilatérales importantes sont aujourd'hui pilotées par des Français : le FMI, l'OMC et la BCE. La France préside le G20, qui est l'antichambre de toutes les négociations internationales importantes, jusqu'à fin 2011. Le marché intérieur, élément clé de la construction européenne, est sous supervision d'un commissaire français. Nous tenons une occasion unique depuis la fin de la Seconde Guerre mondiale de refonder l'Europe non point sur de la quincaillerie économique au service d'un désir d'embonpoint consumériste croissant, qui de toute façon ne se réalisera pas, mais sur une vision d'avenir portée par un projet, en revenant à l'esprit fondateur de l'Union, et avec l'espoir fou d'inspirer le reste du monde. Cet élan vers la décarbonisation nous permettrait par exemple de nous doter de la seule chose qui intéressera vraiment la Chine dans les décennies à venir : les modes d'organisation, les technologies et les compétences qui permettent de maintenir une classe moyenne dans un monde sous très forte contrainte énergétique. Dès à présent, tous ceux qui sont en contact avec ce pays-continent en rapportent des expériences de terrain montrant que, sur cette question de l'énergie et du climat, il y a de nombreux cas où ils sont passés du discours aux actes. Le comportement en apparence extrêmement prédateur de la Chine dans le monde, qui fait main basse sur des terres agricoles, des ressources minières et du pétrole, est tout à fait rationnel de son point de vue, et ne signifie en rien qu'elle ne compte pas s'attaquer à l'affaire comme nous. Le seul grand pays de la planète qui soit dirigé par des ingénieurs – alors qu'Obama, Cameron, Sarkozy, Zapatero, Roussef, Berlusconi, Manmohan Singh, et presque tous les autres chefs d'État, sont des juristes ou des économistes[1] – sait aussi bien que nous que les arbres ne montent pas jusqu'au ciel, et que dans un monde fini il y aura une compétition accrue pour les ressources.

Tout pays ayant sécurisé ses accès à des ressources rares sera évidemment en meilleure position. Le présent ouvrage ne propose-t-il pas que la France ait accès avant les autres à une ressource qui s'appelle « intelligence de la décarbonisation » ? Une coopération renforcée de l'Europe avec la Chine autour de la décarbonisation permettrait de ne pas avoir un seul fer au feu, et en particulier de ne pas attendre les Américains comme nous l'avons fait trop souvent jusqu'à maintenant. Loin de moi l'idée de faire des Américains nos ennemis du siècle à venir, mais il faut reconnaître que, sur la question de l'énergie, ils ne nous aident pas beaucoup pour le moment, et cela risque hélas de durer !

En effet, nous avons vu que la situation économique des décennies à venir a toutes les chances d'être extrêmement agitée, ce qui se traduira par de nouveaux problèmes bancaires dans les pays qui ont favorisé un fort endettement des ménages et des États. Or, les États-Unis sont montés tellement haut dans la constitution d'une montagne de dettes, contractées par des débiteurs dont la solvabilité deviendra douteuse en période de contraintes énergétiques, que l'on peut craindre que, dans les dix à vingt ans à venir, ils soient beaucoup plus occupés par la

---

[1]. Les deux seuls grands pays de la planète qui soient actuellement dirigés par des personnes ayant suivi une formation scientifique sont l'Allemagne et le Japon.

débâcle financière qu'ils risquent d'avoir à gérer que par les enjeux de long terme qui pourraient hélas ne jamais apparaître à la bonne place sur leur écran radar. Et, tant qu'ils connaîtront des difficultés intérieures, ils seront probablement tentés par un fort repli isolationniste, comme ils l'ont montré à maintes reprises dans l'histoire. Certes, les États-Unis restent un pays surprenant, et il ne faut jamais préjuger de rien, mais il n'est pas complètement exclu qu'ils restent prisonniers de l'héritage du passé, alors que les pays asiatiques n'ont pas (encore ?) ce problème. Ce sont des pays neufs, mais qui vont avoir comme nous des problèmes d'accès aux ressources. Le retour de la Chine dans la cour des grands, à la place où elle a été pendant quasiment toute l'ère chrétienne, impose de toute façon une politique coordonnée Europe-Asie, dont le carbone pourrait constituer un des fondements.

Revenons chez nous pour finir, et voyons ce que nous aurions en portefeuille en misant « tout sur la décarbonisation ». Un programme de rénovation lourde des bâtiments viables ? Disons 500 milliards ! Un programme d'indemnisation des propriétaires de bâtiments non viables pour leur permettre de déménager ? Si cela concerne un tiers des logements bâtis, qui sont les plus excentrés et les moins chers, et que nous calons cette indemnité sur 500 euros par mètre carré, cela fait 400 milliards d'euros. Ajoutons quelques centaines de milliards pour transformer l'immobilier industriel et tertiaire, pour faire bonne figure. L'élimination de 30 millions de voitures pour les remplacer par de nouvelles 2 CV et quelques voitures électriques ? À 10 000 euros pièce, voici une addition à 300 milliards. Le remplacement de la moitié des procédés industriels en fonction ? Sachant que l'investissement industriel représente quelques dizaines de milliards par an, vingt ans de « verdissement » de 50 % de cet investissement et c'est encore 500 milliards qui s'ajoutent. La transformation de notre agriculture ? Probablement 50 à 100 milliards d'investissements, au bas mot. Le remplacement des frigos, machines à laver, ascenseurs, et j'en oublie ? Encore des milliards par centaines !

Notre affaire, sur les quarante ans qui viennent, va donc demander quelques milliers de milliards d'euros d'investissements, disons entre 3 000 et 6 000 s'il faut donner une fourchette. Dans quel but proposer cet alignement de milliards ? Pour montrer que nous n'y arriverons jamais ? Au contraire ! cela montre par les chiffres que la décarbonisation de l'économie est une affaire d'une telle ampleur qu'elle mérite mille fois le titre de projet de société. Mieux, elle ne peut bien fonctionner que comme telle : nous ne l'obtiendrons pas comme conséquence à la marge d'« autre chose ». À défaut de la vouloir, cette décarbonisation massive, ce qui nous attend est une réédition de craquements comme nous en avons connus avec une intensité croissante depuis 1975, chaque choc étant plus terrible que le précédent, jusqu'au moment où la pénurie de ressources fera voler en éclats la civilisation actuelle.

Il est encore temps de transformer cette contrainte en opportunité. Qu'est-ce qu'on attend ?

## TABLE DES MATIÈRES

| | |
|---|---|
| Préface à l'édition de poche | 9 |
| I. *Le pétrole, ou la multiplication des surhommes* | 13 |
| II. *Mettre les villes à la campagne, c'est fait !* | 39 |
| III. *Charybde pétrole ou Scylla climat ?* | 71 |
| IV. *Montre-moi donc ton bilan carbone* | 93 |
| V. *Quand on aime, on ne compte pas* | 127 |
| VI. *C'est grave, docteur ?* | 151 |
| VII. *À table !* | 197 |

Inscrivez-vous à notre newsletter !

Vous serez ainsi régulièrement informé(e)
de nos nouvelles parutions et de nos actualités :

https://www.odilejacob.fr/newsletter

Cet ouvrage a été transcodé et mis en pages
chez Nord Compo (Villeneuve d'Ascq)

Achevé d'imprimer en mars 2020
sur les presses de La Nouvelle Imprimerie Laballery (58)

N° d'impression : 003015
N° d'édition : 7381-2979-5
Dépôt légal : avril 2013

*Imprimé en France*